CONTRATE E MANTENHA AS MELHORES PESSOAS

BRIAN TRACY

CONTRATE E MANTENHA AS MELHORES PESSOAS

21 LIÇÕES PARA CONSTRUIR UMA EMPRESA VENCEDORA

SEXTANTE

Título original: *Hire and Keep the Best People*

Publicado mediante acordo com Berrett-Koehler Publishers, São Francisco.

tradução
Diogo Henriques

preparo de originais
Cristiane Pacanowski

revisão
Taís Monteiro e Tereza da Rocha

projeto gráfico e diagramação
Abreu's System

capa
Retina 78

impressão e acabamento
Yangraf Gráfica e Editora Ltda.

CIP-BRASIL. CATALOGAÇÃO-NA-FONTE
SINDICATO NACIONAL DOS EDITORES DE LIVROS, RJ

T683c Tracy, Brian, 1944-
Contrate e mantenha as melhores pessoas / Brian Tracy [tradução de Diogo Henriques]; Rio de Janeiro: Sextante, 2011.
112p.; 14x21 cm

Tradução de: Hire and keep the best people
ISBN 978-85-7542-661-6

1. Pessoal - Seleção e admissão. 2. Pessoal - Permanência. 3. Motivação no trabalho. 4. Administração de pessoal. I. Título.

CDD: 658.311
11-1988 CDU: 005.953

Rua Voluntários da Pátria, 45/1.404 – Botafogo
22270-000 – Rio de Janeiro – RJ
Tel.: (21) 2538-4100 – Fax: (21) 2286-9244
E-mail: atendimento@esextante.com.br
www.sextante.com.br

Este livro é dedicado a meu amigo, companheiro e parceiro de negócios Cam Framer, um excelente executivo que me ensinou muito sobre a arte e a ciência da gestão empresarial.

Sumário

Prefácio

Este livro é direcionado a todos os gerentes, supervisores, empresários e executivos que algum dia já se viram diante do desafio de contratar outros profissionais. Em cada capítulo, você aprenderá os principais métodos, ideias e técnicas que pode colocar em prática desde já para contratar os melhores funcionários e aprimorar o desempenho profissional deles, não apenas nos primeiros dias de trabalho, mas continuamente.

O fato é que a maioria das pessoas se torna gerente por acaso. Seja em consequência do sucesso, da experiência, de uma promoção ou de alguma necessidade da empresa, elas passam a ser responsáveis pelo trabalho de outras pessoas. Precisam selecionar, entrevistar, contratar e atribuir funções a profissionais cujo desempenho irá determinar o próprio sucesso delas. Sua remuneração e suas chances de promoção dependem de como esses contratados executam as tarefas para as quais foram contratados.

Nenhum de nós é naturalmente preparado para selecionar e manter os melhores profissionais. Isso é ao mesmo tempo uma arte e uma habilidade que só podem ser aprendidas à medida que se ganha experiência – e como resultado de vários erros. Muitas vezes, encaramos uma vaga em aberto como um problema a ser resolvido o mais rápido possível, para que possamos nos dedicar novamente a nosso "verdadeiro" trabalho. Ignoramos que a seleção dos profissionais adequados é a essência de nosso trabalho.

Depois que selecionam uma pessoa, tenha sido uma escolha acertada ou não, muitos gerentes têm dúvidas ou não sabem exatamente o que fazer ou dizer para que ela se mantenha empenhada, comprometida e entusiasmada com o trabalho e a empresa. Por isso, com frequência dizem coisas que afetam de maneira negativa a produtividade e o desempenho da equipe, em vez de melhorá-los.

Se isso também acontece com você, este livro vai ajudá-lo a resolver situações como essas de uma vez por todas. Ele oferece uma série de estratégias testadas e comprovadas que irão orientá-lo a agir da maneira mais adequada durante a contratação de profissionais qualificados e apresenta dicas úteis para que você os mantenha continuamente motivados a dar o melhor de si.

Você não vai encontrar nenhuma grande revelação ou fórmula secreta nestas páginas. Não há teorias abstratas nem sistemas complexos. O que vai aprender são princípios gerais bastante simples e de efeito rápido. Assim que colocá-los em prática, eles irão proporcionar resultados melhores.

Muitos gerentes, apesar da experiência que têm, não conhecem nem aplicam essas técnicas. Fazem as contratações de modo aleatório, confiando na própria intuição e em impressões iniciais fornecidas pelos candidatos. Acham todo o processo seletivo desagradável e tentam se livrar dele o mais rápido possível.

Depois de concluída a contratação, eles supervisionam e estimulam o novo funcionário de maneira aleatória e irregular. Muitos chegam a considerar essas atividades contratempos em suas agendas atribuladas e tratam de concluí-las o mais rápido possível, para poder então voltar às suas tarefas.

À medida que avançar nesta leitura, sua atitude em relação à contratação e à retenção de pessoal irá mudar de maneira positiva. Você vai aprender a ser um excelente gerente diante dessas situações desafiadoras, determinantes do sucesso da sua carreira. Já nas primeiras páginas, vai conhecer as principais ideias que se deve ter em mente para *contratar* e *manter* profissionais, praticadas pelos melhores gerentes das empresas mais bem-sucedidas do mundo.

Se seguir os conselhos deste livro e puser em prática os princípios aqui apresentados, você poderá se tornar um dos gerentes mais eficientes do seu ramo. Sua contribuição para a empresa será maior e você também se sentirá mais competente e satisfeito com o trabalho que realiza. Ao contratar e manter os melhores profissionais na sua equipe, você conseguirá concluir tarefas com maior facilidade e rapidez e, assim, não haverá limites para seu futuro como gerente, supervisor, empresário ou executivo.

BRIAN TRACY

INTRODUÇÃO

A habilidade decisiva

O maior obstáculo ao desenvolvimento e ao sucesso de qualquer negócio é a necessidade de atrair e manter bons funcionários. Em geral, todos os demais recursos estão amplamente disponíveis e podem ser obtidos com relativa facilidade, como capital, imóveis, mobiliário, ferramentas, máquinas de produção e distribuição, material de embalagem e marketing. Mas o que torna todos esses fatores produtivos e lucrativos é a qualidade das pessoas por trás deles, e nunca houve tanta carência de pessoal qualificado como hoje em dia.

Os empregadores do século XXI precisam realizar uma grande mudança de paradigma, substituindo um modo de pensar já ultrapassado – característico de uma época em que havia grande oferta de mão de obra capacitada – por outro adequado à realidade atual, em que a oferta é bastante limitada. Essa mudança requer que se dediquem a contratar e manter funcionários qualificados, pois essa é a maior responsabilidade do bom gerente.

Ao longo de 30 anos de carreira, iniciei, desenvolvi, administrei ou transformei 22 negócios diferentes. Prestei consultoria a centenas de organizações e treinei milhares de gerentes e executivos para encontrar e manter profissionais qualificados.

Descobri que essa habilidade é decisiva para os negócios – e é bem provável que seja a mais importante. A boa notícia é que, como qualquer habilidade empresarial, é possível *aprendê-la* por meio da prática e da repetição. Graças ao desenvolvimento dessa capacidade ao longo da carreira, inúmeros gerentes fazem boas contratações todos os anos.

Por outro lado, existem aqueles que ainda não desenvolveram essa competência. Eles se atrapalham durante as entrevistas, selecionam novos funcionários principalmente com base em suposições e na intuição e costumam se surpreender quando cerca de 70% de suas contratações resultam em fracasso. Para justificar suas decisões equivocadas, em geral põem a culpa nas pessoas que contrataram, o que torna quase impossível que aprendam com os próprios erros.

Na verdade, quando algo assim acontece, é o *gerente* que é incompetente, não o profissional que ele selecionou. Contratar é uma habilidade decisiva para o bom administrador. Se um gerente está sempre contratando pessoas que não sabem ou não são capazes de executar um trabalho da maneira correta, então ele deve ser substituído antes que cause danos irreparáveis à organização. Muitas empresas enfrentam sérias dificuldades ou afundam por causa da incompetência de uma única pessoa que ocupa um cargo importante, alguém que é mantido nessa posição por um superior incompetente.

Nas páginas a seguir, vou compartilhar com você 21 grandes ideias que irão ajudá-lo a se aperfeiçoar na arte de contratar e manter os profissionais necessários para o sucesso do seu negócio. Ao pôr em prática esses princípios, você irá se tornar um dos melhores gerentes da sua geração. Sua contribuição à empresa será extraordinária e você passará a ter um valor inestimável.

CAPÍTULO 1

Faça da seleção a sua prioridade máxima

O processo seletivo é a chave para o seu sucesso e o da sua empresa. Nada é mais importante para o seu futuro do que a habilidade de selecionar os melhores profissionais para trabalhar com você, de modo a tornar esse futuro uma realidade. Um erro de seleção pode resultar em baixo desempenho ou fracasso numa área fundamental – ou até levar toda a empresa à ruína.

A primeira Lei de Gestão Empresarial diz respeito à seleção. Pelo menos 95% do sucesso de uma empresa é determinado pelas pessoas escolhidas para trabalhar nela. Se você contratar profissionais competentes, eficientes e comprometidos, então, na maior parte das vezes, todas as outras coisas irão funcionar bem. Mas se selecionar as pessoas erradas, é bem provável que nada dê certo.

A prática comprova: se você conduzir o processo seletivo de modo apressado, vai acabar se arrependendo. Muitos dos piores problemas que você enfrentará no trabalho serão consequência de uma contratação feita às pressas. Quando o novo funcionário inicia suas atividades e se mostra inadequado, você precisa investir tempo, energia e emoção consideráveis para justificar sua decisão e lidar com as dificuldades geradas por aquela pessoa no lugar errado.

Uma das regras do bom contratador é a seguinte: "Contrate sem pressa e demita rapidamente." Antes de contratar, leve o tempo que for necessário para tomar a decisão correta. Mas se ficar claro que você cometeu um erro, não demore a atribuir novas funções a essa pessoa ou a desligá-la da empresa antes que cause mais prejuízos.

Já me aconteceu contratar uma pessoa na segunda-feira e demiti-la na terça, assim que constatei ter cometido um erro. Lembre que as pessoas sempre mostram seus melhores aspectos e características na primeira entrevista de emprego. Elas irão dizer ou prometer qualquer coisa para serem contratadas, mas, assim que tiverem um trabalho de verdade para fazer, muitas vezes irão se mostrar bastante diferentes daquilo que você tinha imaginado ou daquilo em que o fizeram acreditar.

O melhor momento para demitir uma pessoa é quando esse pensamento lhe ocorre pela primeira vez. Se você tomou uma decisão equivocada ao contratá-la, não complique a sua vida mantendo-a na empresa. Tenha a coragem e o bom senso de admitir que cometeu um erro, corrija-o e siga em frente gerenciando uma equipe produtiva e eficiente.

Contratar é uma arte. Não se deve fazer isso com pressa. É preciso refletir e manter o foco e a concentração. Se você quer de fato fazer uma boa aquisição, procure dar tempo a si mesmo. Antes de tomar qualquer decisão relacionada ao aumento ou à redução da equipe, pense bem e com tranquilidade. Decisões tomadas às pressas em geral se mostram equivocadas.

Um gerente competente, reconhecido por ter contratado vários dos melhores profissionais da empresa em que trabalha, me disse certa vez que tinha uma regra bem simples quando o assunto era contratação: ao se decidir por um candidato, esperava 30 dias antes de fazer uma oferta. Ele descobriu que o simples ato de adiar uma decisão como essa o fazia ter muito mais certeza quando enfim a tomava.

Num mercado de trabalho dinâmico, essa estratégia talvez não seja exatamente a mais adequada para você ou o candidato. No entanto, o princípio básico de ir com calma sempre que possível é inquestionável. Com certeza, isso irá aumentar seu percentual de sucesso em termos de contratação.

A tendência natural do gerente é contratar a fim de solucionar determinado problema, preencher uma vaga em aberto na organização ou executar uma tarefa que surgiu de repente. Agir assim é como apagar um incêndio com um balde d'água. E mais: se você não tomar cuidado, pode acabar descobrindo que o balde estava cheio de gasolina. Nesse caso, criará uma situação ainda pior do que a que estava tentando resolver.

Seja honesto ao responder: você já fez alguma contratação às pressas e sem pensar muito? Isso lhe trouxe problemas? Não há nada de errado em cometer um erro, desde que você aprenda com ele e não o repita. É verdade que vez por outra você vai acabar tomando uma decisão rápida e acertada, que trará bons resultados. Mas isso é um milagre e como certa vez escreveu Peter Drucker: "Não é que milagres não aconteçam. O que não podemos fazer é ficar dependendo deles."

Contratar mal sai caro. Especialistas em recursos humanos avaliam que uma contratação ruim custa à empresa pelo menos um ano de salário do contratado. Isso significa, por exemplo, que se você contrata alguém por R$ 5 mil por mês e esse funcionário não se prova capaz, a despesa para a companhia não sai por menos de R$ 60 mil.

O que entra nesse custo? Em primeiro lugar, há o *tempo perdido*, o tempo que você gastou fazendo entrevistas, contratando e treinando a pessoa. Há também o tempo perdido com todos os demais agentes envolvidos no processo de contratação, dentro e fora da empresa. Quando se calcula o valor da hora de trabalho desses profissionais e se somam a ele os custos das tarefas que não estão sendo feitas enquanto o funcionário errado é selecionado, treinado, instalado, supervisionado e, por fim, demitido – com os gastos que essa demissão acarreta à empresa –, os custos diretos e indiretos podem doer no bolso.

Em segundo lugar, há o *dinheiro perdido*, o custo representado pelo pagamento de salários, benefícios e despesas de treinamento com a pessoa que, no fim das contas, não se mostra à altura do cargo. Talvez seja preciso até mesmo desembolsar uma quantia considerável para anunciar a vaga junto a uma agência de empregos externa, nos classificados ou em sites. Todo esse dinheiro é desperdiçado, porque a empresa não recebe nenhum retorno do investimento que foi feito, nem em termos do trabalho executado nem dos resultados proporcionados. Esse dinheiro some para sempre.

Por fim, há a *produtividade perdida*, enquanto você se ocupa em buscar um substituto para aquela pessoa que jamais deveria ter contratado. Além disso, tempo, energia e emoção terão sido desperdiçados em uma atividade que no fim das contas teve um impacto prejudicial na sua empresa.

Companhias com alta rotatividade de pessoal sempre demonstram ter *desempenho mais baixo* quando comparadas às concorrentes que contam com gerentes mais hábeis. De fato, a alta rotatividade de funcionários – seja resultado de más decisões de contratação ou de má gestão dos recursos humanos – pode ser fatal para uma organização. Custos excessivos, acompanhados de ineficácia e confusão, podem até mesmo levar uma companhia à falência.

As organizações mais bem-sucedidas e os melhores gerentes são, em geral, os que têm os melhores processos de seleção. Isso não apenas poupa tempo e dinheiro, mas também cria uma boa reputação para a empresa no mercado, proporcionando-lhe a imagem de um bom lugar para se trabalhar, o que torna mais fácil atrair cada vez mais e melhores talentos.

Portanto, cabe a você pensar com bastante cuidado antes de admitir um novo funcionário. Às vezes, a melhor decisão de contratação que você toma é aquela que decide não tomar.

COLOQUE SUAS HABILIDADES EM PRÁTICA

Faça uma lista com o nome de três pessoas que você contratou no passado e que não deram certo na empresa. Em seguida, escreva três lições que você aprendeu com o erro que essas contratações equivocadas representam. Como certa vez escreveu o filósofo espanhol George Santayana: "Aqueles que não conseguem se lembrar do passado estão condenados a repeti-lo." Quanto mais você reflete sobre seus erros, mais aprende com cada experiência.

O próximo passo é elaborar uma lista com os nomes de alguns dos melhores profissionais que você já selecionou. O que essas decisões têm em comum? De que maneira você poderia aplicar esses princípios gerais a uma decisão de contratação que precisa tomar atualmente?

CAPÍTULO 2

Pense bastante e seja claro ao definir as responsabilidades do cargo

Sua mente é incrivelmente poderosa, sobretudo quando você concentra suas energias mentais em uma questão por tempo suficiente.

Antes de sair à procura de novos profissionais, leve o tempo que for necessário para refletir com cuidado sobre o cargo. Coloque em prática a regra dos 10/90: os primeiros 10% de tempo que gastamos pensando e planejando o que iremos fazer nos poupam 90% do tempo e do esforço necessários para que, ao fim, tomemos a decisão correta e os resultados esperados sejam alcançados a longo prazo. A regra dos 10/90 é uma maneira incrível de economizar tempo e requer apenas paciência e disciplina.

Pense nos mínimos detalhes relacionados às responsabilidades do cargo em questão. Para que você tenha certeza de que o profissional realizou um excelente trabalho, que resultados ele deve apresentar? De que maneira você e seu funcionário serão capazes de constatar que o trabalho foi benfeito? Pense em termos de *realização*, não de atividade; em termos de resultados mensuráveis, claros e objetivos, não de esforço.

Considere o salário a ser pago como se estivesse no mercado comprando uma qualidade específica e uma determinada quantidade de resultados. Como exatamente você deve medi-las? Como saber que seu dinheiro foi bem investido e deu retorno? Que padrões e referências devem ser utilizados na avaliação do desempenho do funcionário?

Qualquer descrição de emprego tem três etapas. Primeiro, há os *resultados* esperados de quem vai ocupar o cargo. Você precisa tê-los absolutamente claros. Em segundo lugar, há as *habilidades* necessárias para alcançar tais resultados. Quais são elas? Por fim – e talvez este seja o ponto mais importante –, existem os *traços de personalidade* da pessoa ideal para ocupar a vaga e seu grau de adequação aos demais integrantes da equipe.

Você deve começar a definir o cargo refletindo sobre as atividades que o funcionário precisará desempenhar no dia a dia. *Pense* por escrito. Descreva um dia e uma semana típicos no escritório, do início ao fim do expediente. Quanto mais claros estiverem para você os resultados a serem alcançados, mais fácil será encontrar o melhor candidato para a vaga.

Depois de definir os resultados esperados, identifique de maneira precisa as habilidades que o pretendente ideal deve possuir para alcançá-los. Contrate a melhor pessoa levando em consideração o que ela *já* realizou com sucesso no passado, e não o que acha que pode fazer se tiver oportunidade de entrar na sua folha de pagamento. É verdade que algumas empresas contratam com base em personalidade e atitude, ensinando depois as habilidades específicas aos novos funcionários. Essa é uma ideia boa, mas se você deseja o que há de melhor no mercado, deve exigir certo nível de capacidade antes de selecionar um candidato.

Por fim, você deve identificar os atributos ou as qualidades pessoais que o pretendente ideal precisa ter. Sem dúvida vai querer alguém honesto, positivo, enérgico, focado, que trabalhe duro e tenha espírito aberto. Anote em um papel essas qualidades e as classifique segundo a importância que elas têm para você e para o cargo em questão.

Certifique-se de que uma *única* pessoa é capaz de desempenhar o trabalho para o qual está sendo contratada. Verifique se você não está criando um cargo impossível e procurando alguém que faça milagres. Às vezes, com as mudanças rápidas e constantes que vêm ocorrendo nas organizações, um trabalho pode se tornar tão complexo que, para realizá-lo adequadamente, serão necessários dois profissionais diferentes com conjuntos de qualidades distintos. Sempre considere essa possibilidade.

A marca registrada de um executivo bem-sucedido é seu *poder de reflexão*. Quando se trata de tomar decisões referentes a recursos humanos, os melhores gerentes e executivos são de longe muito mais atentos do que os medianos. Quanto mais você refletir sobre a pessoa e o cargo a ser ocupado, melhor será a sua decisão de contratação.

COLOQUE SUAS HABILIDADES EM PRÁTICA

Pense numa vaga em aberto no momento, ou então atualmente preenchida de maneira insatisfatória, e defina-a em termos dos resultados a serem alcançados pelo profissional que ocupar esse cargo.

Faça uma lista das habilidades que o candidato ideal precisaria ter para realizar um trabalho primoroso.

Por fim, defina o trabalho nos termos dos traços de personalidade que o pretendente ideal deve possuir. Esteja certo de que é a escolha acertada para você e para sua empresa.

CAPÍTULO 3

Descreva o cargo

É surpreendente, mas muitas pessoas anunciam uma vaga em aberto ou saem procurando candidatos sem nem sequer se darem ao trabalho de pensar por alguns minutos e elaborar uma descrição clara do profissional que buscam.

Algo incrível acontece quando você põe no papel todas as qualidades que o pretendente ideal a um cargo deve ter. É impressionante como você consegue pensar com clareza quando registra por escrito detalhes fundamentais que não lhe ocorreram antes. Assim, você acaba descobrindo que esses requisitos indispensáveis foram determinantes para que tomasse a decisão correta de contratação.

Proponho agora um exercício para praticar a *idealização*. Imagine que fosse possível fazer uma descrição da pessoa perfeita e entregá-la a um serviço especializado, que então lhe enviaria alguém exatamente de acordo com suas especificações. Imagine encomendar uma pessoa e recebê-la na sua porta. Como ela seria?

Antes de começar a procurar um novo funcionário, sempre preparo uma lista especificando tudo o que eu gostaria que ele fosse, tivesse ou pudesse fazer. Então, envio-a para as pessoas da empresa que irão trabalhar com quem quer que seja escolhido. Em seguida, revemos os pontos listados e fazemos ajustes no que for necessário. Conversamos sobre as características e as ordenamos segundo a prioridade. Esse trabalho em equipe nos permite chegar, em poucos minutos, a um perfil da pessoa ideal que gostaríamos de encontrar. A partir daí, podemos elaborar uma descrição detalhada do cargo.

Sugiro que você comece listando cada tarefa que o contratado terá de realizar, desde o momento em que chegar ao escritório pela manhã até a hora de sair, à noite. O que esperar do candidato?

Pense no trabalho como um processo de produção e identifique cada passo como uma atividade a ser concluída tendo em vista um determinado padrão de desempenho. Identifique as principais áreas em que os resultados podem ser verificados e descreva-os.

Liste cada uma das atribuições e responsabilidades com as quais o indivíduo deverá se comprometer para fazer um bom trabalho, desde chegar pela manhã, verificar as mensagens, retornar as ligações e responder aos e-mails a avaliar e enviar relatórios a seu superior dando conta dos progressos realizados. Não deixe nada de fora. Uma única omissão pode levá-lo a contratar a pessoa errada.

Certa vez contratamos uma executiva de contas que tinha um impressionante histórico de vendas em outra empresa. Ela era uma estrela do ramo e nós acreditamos que tínhamos tirado a sorte grande quando ela aceitou nossa proposta. Mas, depois de duas semanas, ela perdeu o controle e foi ficando cada vez mais confusa e irritada, até que pediu demissão. O que deu errado?

Depois de pesquisar, descobrimos que a companhia na qual ela trabalhara investia pesado em anúncios e gerava uma lista contínua de clientes potenciais, e ela apenas se servia dessas ferramentas. Em nossa empresa, porém, ela era responsável por gerar suas próprias listas de clientes, algo que era simplesmente incapaz de fazer, por ter medo de se sentir rejeitada. Não tínhamos deixado aquele requisito bem claro porque partimos da premissa (um erro grave!) de que ela sabia que a prospecção fazia parte do trabalho. "Suposições equivocadas estão na origem da maioria dos fracassos", declarou o político americano Alexander McKenzie.

Tão logo disponha de uma descrição clara do pretendente ideal e de tudo o que se espera dele, defina prioridades em ambas as listas. Decida o que é mais e menos importante para o sucesso naquele cargo. Use um método de avaliação simples, atribuindo notas de 1 (prioridade baixa) a 10 (prioridade alta) para cada item.

Divida as listas em "obrigatório" e "desejável". Responsabilidade e certos traços de caráter são *determinantes* para que o trabalho seja realizado com sucesso. Nas minhas descrições de pretendentes ideais, por exemplo, sempre especifico que a pessoa deve morar razoavelmente perto do escritório. Mas isso é uma preferência, não uma exigência. É algo "desejável", não "obrigatório". Alguns de meus melhores funcionários levam mais de uma hora para chegar ao trabalho.

Por outro lado, a habilidade comprovada de alcançar os principais objetivos ligados ao cargo deve ocupar o primeiro lugar da lista. Isso é importantíssimo. Definitivamente "obrigatório". Sem essa competência específica, o candidato irá fracassar, mesmo que tenha mil outras qualidades.

Quanto antes você definir as prioridades do cargo e do profissional que está procurando, mais fácil será conduzir as entrevistas e melhor será a sua decisão final.

Pense nas pessoas com quem seu novo funcionário irá trabalhar. Isso é tão importante quanto qualquer outro fator. Todo mundo precisa se integrar a algum tipo de equipe, e é absolutamente fundamental que quem quer que você contrate se dê bem com os colegas e seja aceito por eles. Um único erro nessa área pode arruinar o processo de seleção.

Determine que tipo de postura ou personalidade você deseja que a pessoa tenha. Minha experiência mostra que uma atitude de otimismo e espírito aberto é a melhor que existe. Evite contratar pessoas negativas ou infelizes, mesmo que sejam boas do ponto de vista técnico. Elas quase sempre vão estar na origem da maior parte dos seus problemas no ambiente de trabalho.

Por último, pense em todas essas informações e elabore uma descrição clara e detalhada do pretendente ideal. Registre essa descrição por escrito como se ela fizesse parte de um anúncio de verdade a ser publicado num grande jornal e isso fosse lhe custar alguns milhares de reais. Comece a descrição com as suas exigências em ordem decrescente de prioridade e faça suas considerações mais importantes na primeira frase.

Com essa descrição por escrito, você vai estar pronto para lançar sua rede e começar a procura pelo profissional mais adequado para o cargo.

COLOQUE SUAS HABILIDADES EM PRÁTICA

Numa folha de papel, faça uma lista de cada talento, habilidade, qualidade e característica que você gostaria de encontrar na pessoa ideal para preencher uma vaga atualmente em aberto no seu departamento. Imagine que as qualidades dos pretendentes disponíveis são ilimitadas.

Reveja sua lista e distribua um total de 100 pontos entre as várias exigências que incluiu. Por exemplo, sucesso comprovado na atividade para a qual você precisa contratar poderia valer 50 pontos. Morar perto do escritório, apenas 1 ponto.

Selecione as cinco ou 10 qualidades mais importantes e faça sua descrição com base nesses elementos. Peça a opinião de seus colegas de trabalho. Certifique-se de que todos tenham clareza quanto à pessoa que você está procurando.

CAPÍTULO 4

Na busca de bons profissionais, amplie ao máximo seu leque de opções

Recrutar e contratar são responsabilidades contínuas de um gerente, assim como atender o telefone e responder às demandas. Da mesma forma que uma empresa busca novos clientes todos os dias, os gerentes também devem procurar novos profissionais constantemente. A carência de pessoal qualificado é o único obstáculo real que o impede de alcançar mais e melhores resultados.

Antigamente, saía-se em busca de um funcionário apenas quando havia uma vaga a ser preenchida ou se necessitasse de determinado profissional. Hoje, porém, é preciso estar em "modo de contratação permanente". Você deve examinar minuciosamente o que acontece à sua volta assim como um radar esquadrinha o horizonte, sempre buscando pessoas mais qualificadas para fazer parte da sua equipe. É um trabalho que nunca tem fim, e desempenhá-lo bem será determinante para o seu próprio sucesso como executivo ou empresário.

Uma parte importante do processo seletivo é conseguir reunir um bom número de candidatos adequados para o cargo, entre os quais você fará a sua escolha. Quanto maior a quantidade de bons pretendentes que você for capaz de encontrar, maiores serão suas chances de contratar e manter na empresa os melhores profissionais.

Felizmente, é possível encontrar gente qualificada em vários locais. O primeiro lugar a ser examinado é a sua própria empresa, entre os funcionários que já trabalham lá ou no departamento de recursos humanos. Antes de olhar para o mercado, promova uma seleção interna. Faça circular dentro da empresa a descrição exata do perfil que você procura e diga a todos que deseja contratar alguém com tais características.

Quando souberem que você está procurando determinado perfil, todos na sua equipe ficarão atentos para a eventualidade de cruzarem com um profissional que preencha os requisitos.

Hoje em dia, muitas empresas concedem gratificações aos funcionários que indicam candidatos viáveis para as oportunidades existentes na companhia. Se você oferecer a eles um bônus de incentivo à busca de candidatos com as características que definiu, cada integrante da sua equipe irá procurar e encaminhar a você pretendentes à vaga.

Conheço uma empresa que preenche mais de 90% de suas posições utilizando esse método. Paga, por exemplo, R$ 500 de bônus por cada profissional contratado que tenha vindo por indicação de alguém da equipe. Paga mais R$ 500 caso o funcionário indicado ainda esteja na companhia após seis meses, e outros R$ 500 se permanecer por um ano. Esse sistema garante à empresa um fluxo constante de bons pretendentes e poupa uma fortuna em anúncios nos classificados.

Outra boa fonte de candidatos são seus contatos pessoais. A maioria das novas contratações é feita a partir de indicações de terceiros. Tão logo disponha de uma descrição exata do candidato que procura, entre em contato com todas as pessoas que você conhece que poderiam recomendar alguém com esse perfil. Diga a elas que tipo de profissional você está buscando e peça que lhe encaminhem currículos daqueles que se encaixarem na sua descrição.

Fale com seus clientes, gerentes de bancos, fornecedores, amigos, conhecidos, até mesmo aqueles com os quais tem contato esporádico, tais como advogados, contadores, parceiros comerciais etc. Na busca dos bons profissionais, vale ampliar ao máximo seu leque de opções.

Outra excelente fonte de pessoal qualificado são os recrutadores executivos e as agências de emprego. Dependendo do tamanho da sua empresa, eles podem poupar muito do seu tempo, dinheiro e esforço na busca e seleção do profissional de que você precisa para impulsionar o seu negócio. Ao recorrer a essas agências, procure fazer uma descrição bem clara do tipo de funcionário que está procurando, para facilitar a busca e a identificação de bons candidatos nos bancos de dados dessas agências.

Anúncios em jornais são outro recurso que pode ser utilizado. É importante ser específico na descrição do cargo e pré-selecionar os candidatos que responderem ao anúncio com base nos requisitos que você listou. Em geral, 85% das pessoas que respondem a anúncios de jornal são inadequadas e podem ser descartadas assim que ligam para o seu escritório ou enviam seus currículos. Se formular um checklist, seus secretários ou assistentes poderão fazer essa pré-seleção para você.

A internet talvez seja a fonte de candidatos mais importante e também a que se expande mais rapidamente. Quase 13% das vagas de emprego hoje em dia já são preenchidas por meio de anúncios on-line. Há não muito tempo, essa porcentagem era nula. Os sites dedicados a auxiliar as empresas na busca de bons profissionais são rápidos, eficientes, baratos e em geral abrangem currículos de candidatos do país inteiro. Não deixe de consultá-los durante seus processos seletivos. É recomendável também que o site da sua empresa possua uma seção de "Vagas em aberto", com uma descrição dos cargos disponíveis e um formulário a ser preenchido pelo pretendente e submetido à sua apreciação.

Quer você utilize ou não a internet, muitos empregadores hoje em dia estão pedindo que os candidatos a um cargo enviem suas solicitações por e-mail, não pelo correio. Esse processo mostra de que maneira o candidato lida com esse recurso e os computadores. Também permite que gerentes muito ocupados analisem rapidamente várias solicitações e respondam depressa.

Encontrar bons candidatos requer tempo. Muitas vezes, são necessários vários meses até que se descubra a pessoa certa para um cargo importante. O recrutamento não deve ser deixado para o último minuto. Ele deve ser iniciado imediatamente sempre que determinada pessoa ou habilidade for exigida – se possível, com antecedência.

COLOQUE SUAS HABILIDADES EM PRÁTICA

Leve cópias impressas da descrição do cargo para a sua próxima reunião de equipe e entregue-as a todos os participantes. Peça que façam comentários e que indiquem qualquer pessoa que se encaixe nesse perfil. Você talvez se surpreenda com as sugestões de seus funcionários e com as pessoas que eles conhecem no curso de suas atividades diárias.

Crie um sistema de bônus na sua empresa para os colaboradores que recomendarem novos candidatos para as vagas em aberto. Faça toda a sua equipe trabalhar para ajudá-lo a encontrar e manter os melhores profissionais na organização.

CAPÍTULO 5

Conduza as entrevistas com eficiência

A maioria dos executivos nunca aprendeu a forma adequada de conduzir entrevistas. Felizmente, o método mais eficiente é bastante simples, desde que você se empenhe em aprendê-lo e o coloque em prática.

Comece elaborando uma sequência lógica para a entrevista. Você pode até mesmo preparar um breve checklist antes de falar com o pretendente. As primeiras perguntas devem ter por objetivo obter informações sobre a *experiência profissional* do candidato, já que esse aspecto está diretamente relacionado ao cargo em questão. Em seguida, faça perguntas para se certificar do *grau de habilidade* dele. Você vai querer saber quais são suas *aspirações profissionais* em relação à vaga para a qual está sendo avaliado e à sua empresa. Por último, é bem provável que também queira saber sobre seus *hábitos de trabalho* e sua postura em relação ao cargo e ao futuro.

Existem diversas ferramentas de avaliação e testes de personalidade que você pode utilizar para se decidir a respeito da compatibilidade do candidato. Na minha empresa, usamos vários desses recursos. Ao fim, calculamos a pontuação total do pretendente e lhe entregamos cópias dos resultados. Em seguida, nós os discutimos em uma conversa franca com o candidato, buscando a melhor maneira de interpretar os resultados em relação ao cargo em questão.

Comece a entrevista deixando-o à vontade, ajudando-o a relaxar. Diga a ele que se trata de uma "entrevista exploratória" cujo objetivo é ver se o que você está oferecendo e o que ele está procurando são a mesma coisa.

Outra regra valiosa: "Não comece a vender se ainda não decidiu comprar." Em outras palavras, resista à tentação de começar a entrevista dizendo como o cargo em questão e a sua empresa são incríveis. Não faça isso *antes* de concluir que aquela é a pessoa que você está querendo contratar.

O segredo para tornar as entrevistas produtivas é fazer boas perguntas e então ouvir com atenção e paciência as respostas dos candidatos. Faça uma pausa antes de comentar o que eles disseram. Permita que haja silêncios durante a conversa. Peça esclarecimentos. Regularmente, faça perguntas do tipo "O que você está querendo dizer?".

Jamais faça pressuposições sobre o que foi dito. Se possível, confirme a veracidade do que o candidato falou. Faça perguntas abertas que comecem com as palavras *quem*, *como*, *por que*, *quando*, *onde* e *o que* para extrair o máximo possível de informações. Você pode perguntar, por exemplo:

1. Quais eram as suas principais atribuições no seu último emprego? E no emprego anterior a esse?
2. A quem você se reportava e como era a sua relação com o seu chefe?
3. Por que você aceitou aquele trabalho e como acha que se saiu?

4. Do que você mais gostava no seu emprego anterior? O que você fazia melhor?
5. Quais as lições mais importantes que você aprendeu ao longo da sua carreira?

Lembre-se de que quem faz as perguntas conduz a entrevista. Então, certifique-se de que seja você.

Quanto mais o pretendente falar, melhor você poderá avaliar se ele é ou não a pessoa adequada para o trabalho. E só saberá isso depois de ouvi-lo. Você não aprende nada quando só fala de si mesmo, da empresa ou do trabalho.

O recrutador John Swan elaborou uma fórmula simples que pode ser utilizada nas entrevistas. Ela se baseia nas quatro características do profissional que você está procurando: inteligente, trabalhador, ambicioso e simpático.

O grau de inteligência do candidato é muito importante para determinar como ele se sairá na função. Segundo Daniel Seligman, que por muitos anos escreveu para a revista *Fortune* e hoje em dia colabora na *Forbes*, o QI, sozinho, responde por pelo menos 72% da capacidade que uma pessoa tem de realizar um trabalho. Talvez a maneira mais simples de avaliar a inteligência do candidato seja ouvir a quantidade e o tipo de perguntas que ele faz. Pessoas inteligentes costumam ser curiosas e com frequência perguntam sobre você e sobre a empresa.

Você também vai querer pessoas que estejam dispostas a *dar duro*, trabalhando mais do que o normal sempre que for preciso. Não vai querer um funcionário inteligente, ambicioso, simpático e *preguiçoso*. Uma boa pergunta que você pode fazer é a seguinte: "Como você se sentiria tendo que trabalhar durante as noites e os fins de semana se surgisse uma tarefa importante a ser cumprida num prazo muito curto?" A resposta do seu candidato pode ser bastante reveladora, ainda que você jamais venha a precisar que ele faça hora extra.

O candidato *ambicioso* é aquele que deseja subir rapidamente na carreira e que vê no trabalho benfeito uma oportunidade ou um trampolim para algo ainda melhor. Uma forma de medir o grau de ambição da pessoa é observar se ela indaga sobre o futuro, tanto da empresa como do cargo, e sobre o que ela precisa fazer para ganhar mais ou ser promovida. Outro bom questionamento que você pode fazer para avaliar a ambição do entrevistado é: "Idealmente, onde você gostaria de estar daqui a três ou cinco anos?"

Por último, procure contratar pessoas *simpáticas*. Uma personalidade agradável pode ser tão importante quanto qualquer outra qualidade de um bom candidato. Pessoas otimistas com frequência são cordiais e simpáticas ao longo da conversa e ficam à vontade na sua presença. Observe se essa é a postura do entrevistado.

Além dessas qualidades, busque também realizações ou *orientação para resultados*. Ao fazer perguntas, preste atenção nos exemplos dados pela pessoa de oportunidades em seu emprego anterior em que ela realmente desfrutou de sucesso e alcançou os resultados esperados. A única maneira de prever o desempenho futuro é analisar como o profissional se saiu no passado. Examine essa área com atenção e faça perguntas específicas, não genéricas: "O que exatamente você fazia e quais resultados obteve?"

Em segundo lugar, preste atenção a perguntas inteligentes. Como já dissemos, uma das marcas registradas da inteligência é a *curiosidade*. Portanto, o candidato curioso terá uma série de perguntas – em geral previamente anotadas – a fazer, sobre você, a empresa, o trabalho, oportunidades futuras etc. Questione: "Quais são suas perguntas sobre a empresa ou o trabalho?"

Em terceiro lugar, procure um *sentido de urgência*. Uma boa pergunta que você pode fazer para testar se o candidato tem ou não essa noção é a seguinte: "Se lhe oferecêssemos esta vaga, quando você poderia começar?" Mesmo que você ainda não tenha decidido contratá-lo, essa pergunta com frequência revela muito sobre o candidato, e isso pode ajudá-lo a tomar uma decisão.

O candidato certo vai desejar começar o mais rápido possível. O errado vai apresentar todo tipo de motivos para adiar a decisão ou a saída de seu emprego atual.

Lembre-se: decisões *apressadas* quase sempre se mostram *equivocadas*. Vá com calma. Seja paciente. Faça boas perguntas e escute as respostas com atenção. Tome notas quando a pessoa estiver falando. Faça perguntas para obter mais informações sobre os pontos prioritários da descrição que você elaborou para o cargo. Pergunte como o candidato acha que se sairia nessas áreas.

Só dê mais detalhes sobre a empresa e o trabalho quando tiver chegado à conclusão de que aquela é a pessoa que você gostaria de contratar. Não comece a vender se ainda não decidiu comprar.

COLOQUE SUAS HABILIDADES EM PRÁTICA

Planeje sua próxima entrevista com antecedência. Escreva uma lista de perguntas para fazer ao candidato. Concentre-as nas habilidades e qualidades mais importantes para a boa realização das principais tarefas que o cargo implica. Não se pegue imaginando o que irá dizer em seguida.

Faça perguntas sobre as maiores realizações do candidato e o que ele aprendeu com elas. Então questione sobre seus maiores fracassos e decepções e o que eles lhe ensinaram. Em ambos os casos, você está procurando alguém que vê o passado como uma preciosa série de experiências de aprendizagem que o tornaram mais apto a fazer um trabalho melhor no futuro. Pergunte sobre a lição mais importante que o candidato aprendeu até o momento atual de sua carreira. Essas respostas podem ser muito reveladoras.

CAPÍTULO 6

Procure o melhor indicador de sucesso

Você pode aumentar a qualidade e a permanência de seus funcionários de várias maneiras excelentes. Existe uma técnica básica que é capaz de dobrar suas chances de contratar e manter profissionais mais qualificados.

O mais poderoso indicador de sucesso profissional a longo prazo, mais importante que qualquer outro, se chama "autosseleção". Após 30 anos de pesquisas sobre as trajetórias profissionais de milhares de trabalhadores, especialistas descobriram que um intenso desejo de trabalhar na empresa contratante, expresso durante as entrevistas seletivas, parecia ser um ponto comum entre aqueles que demonstravam ser os melhores gerentes e funcionários a longo prazo.

A autosseleção acontece quando um candidato, depois de fazer entrevistas com você e com representantes de outras empresas, conclui que deseja realmente trabalhar ao seu lado. Se ele é qualificado para o cargo, esse é o melhor indicador que você pode obter.

Eis uma estratégia que pode ser utilizada. Após entrevistar um candidato e decidir que gostaria de contratá-lo, passe algum tempo fazendo propaganda do cargo e da sua empresa.

Fale com ele sobre a missão e os valores da organização, sobre os princípios que você defende e nos quais acredita. Explique por que trabalhar com você é uma excelente decisão profissional. Responda a qualquer pergunta que ele fizer.

Então, encerre a entrevista. Incentive o candidato a refletir sobre o cargo e voltar a entrar em contato com você. Não tente convencê-lo a aceitar a proposta.

Quando a pessoa retornar e disser que realmente tem interesse no cargo e deseja trabalhar com você, pergunte: "Por que deseja trabalhar aqui? Por que prefere trabalhar aqui e não em outro lugar?" Então fique em silêncio e lhe dê chance de responder.

Por fim, pergunte: "Como exatamente você acha que pode contribuir para a empresa? Por que devemos contratá-lo?"

O candidato certo terá várias respostas a essas perguntas. Terá refletido muito sobre a sua proposta e vai estar ansioso para conseguir essa oportunidade. Ele vai se mostrar otimista e empolgado com as possibilidades do cargo e ansioso para começar. Essa é, sem dúvida, a melhor postura que você pode esperar de um futuro funcionário.

Ainda que o mercado de trabalho seja muito restrito, tenha paciência e atenção no momento de contratar, como se dispusesse de todos os pretendentes e de todo o tempo do mundo. Depois de fazer propaganda da empresa para o candidato escolhido querer trabalhar para você, é a vez dele de lhe dizer por que gostaria de fazer parte da sua equipe. Esse é o melhor indicador individual de fidelidade e comprometimento a longo prazo jamais descoberto.

Ao mesmo tempo, tenha cuidado com qualquer um que demonstre hesitação ou relutância em aceitar uma oferta. Preste atenção especial se um candidato fizer "jogo duro" ou tentar jogá-lo contra outro possível empregador. Pessoas que precisam ser persuadidas a aceitar um trabalho acabam se revelando infiéis, e provavelmente não terão nenhum comprometimento de longo prazo com a sua empresa.

COLOQUE SUAS HABILIDADES EM PRÁTICA

Reveja como você agiu em contratações anteriores e mesmo a sua postura quando assumiu seu emprego atual. Observe como a autosseleção muitas vezes caminhou de mãos dadas com boas decisões de contratação. Procure essa postura em cada pessoa que participar do processo seletivo.

Na próxima vez que entrevistar um candidato, pergunte a ele logo de início o que o leva a querer trabalhar para a sua empresa. Isso vai provocar uma boa resposta ou vai fazer o pretendente pensar no assunto. Quanto mais empolgado estiver com o cargo, melhor será o desempenho dele desde o primeiro dia.

CAPÍTULO 7

Investigue o passado profissional do candidato

O desempenho do candidato no passado é o único indicador verdadeiramente preciso do rendimento que ele poderá ter no futuro. É o único fator que pode ser verificado. Todo o restante é discutível, baseado em esperanças, suposições e, muitas vezes, em exageros.

No caso de contratar recém-formados, entreviste-os tendo em vista o que fizeram na faculdade e durante os estágios para saber que tipo de pessoa realmente são. Analise as experiências não profissionais desses novatos para identificar quais características eles demonstraram que são essenciais para o sucesso no cargo em questão.

Em todos os outros casos, o desempenho profissional no passado sem dúvida é o melhor indicador do que o candidato pode fazer no cargo que você está oferecendo a ele. A regra é contratar apenas com base em desempenho anterior *comprovado.*

Concentre-se intensamente nesse único ponto. Experiência comprovada de sucesso, que possa ser transferida e repetida de imediato no cargo em questão, é tão importante para garantir o bom desempenho profissional que esse único fator, sozinho, conta mais do que qualquer outro elemento individual na hora de tomar uma boa decisão de contratação.

Ao contratar um profissional, você está na verdade comprando a capacidade dele de obter determinado resultado que é importante para o sucesso da sua empresa. A precisão com a qual você avalia a capacidade do candidato de oferecer esses resultados é o ponto central do processo de contratação.

Faça perguntas detalhadas sobre os êxitos e as experiências profissionais do candidato. Mais especificamente, pergunte sobre suas maiores realizações em empregos anteriores. Investigue as respostas que ele lhe der. Peça que explique com detalhes o que fez, quais os resultados obtidos e como se sentiu em relação a essas realizações. O que ele aprendeu? E, o mais importante: o que ele aprendeu que pode ser aplicado à oportunidade que você está lhe oferecendo ou a um trabalho futuro?

Pergunte sobre a formação, as habilidades e as experiências que o qualificariam para a vaga oferecida. Como um detetive, procure pistas verificáveis que possam comprovar a capacidade do candidato de obter os resultados de que você precisa. Ouça as respostas com atenção e investigue melhor, fazendo perguntas como "O que você quer dizer?" e "Por exemplo?".

Muitos exageram seus feitos no passado, apropriando-se de realizações pelas quais foram responsáveis apenas em parte. Portanto, é fundamental que você peça aos candidatos que descrevam os passos exatos e os processos pelos quais passaram até obter os resultados que anunciam em seus currículos.

A menos que você trabalhe em uma empresa grande e disponha de bastante tempo e muito dinheiro, não cogite contratar e pôr num cargo importante uma pessoa jovem ou sem experiência. Essa é uma decisão de alto risco. É sempre melhor alguém com experiência – e quanto mais, melhor.

COLOQUE SUAS HABILIDADES EM PRÁTICA

Defina com clareza o perfil do pretendente ideal para o cargo com base em experiências específicas e aplicáveis que ele teria tido e que teoricamente o habilitariam a obter os resultados que você deseja o mais rápido possível.

Faça uma lista com várias perguntas que possam ajudá-lo a avaliar se o candidato realmente sabe como fazer o que você está buscando. Tome notas durante a entrevista. Faça perguntas adicionais para esclarecer dúvidas e evite qualquer pressuposição nesse momento do processo seletivo.

CAPÍTULO 8

Verifique atentamente currículos e referências

Os erros de contratação mais caros que você vai cometer na vida resultarão de falhas ao verificar o histórico da pessoa contratada. Um descuido nessa área pode lhe custar uma fortuna e muitos meses de aborrecimento e frustração.

Ao longo da carreira, você vai cruzar com uma espécie particular de caçadores de emprego. São os chamados "incompetentes eloquentes", que parecem estar por toda parte. Mas é preciso se precaver contra eles.

Essas pessoas têm apenas uma habilidade: sair-se bem em entrevistas de emprego. Fora isso, são incapazes de fazer qualquer coisa útil. São extremamente criativas ao dar desculpas plausíveis para sua inação. Em geral, são encantadoras, simpáticas e bem-humoradas, queridas por todos, e é por isso que você vai se ver duvidando de si mesmo quando perceber que elas não estão fazendo o trabalho para o qual as contratou.

Astutas, elas sabem como dissuadi-lo de verificar suas referências. Muitas vezes, sugerem que seus chefes anteriores tinham inveja de seus talentos ou eram desonestos de alguma maneira. Parecem tão boas e atraentes que o seu desejo de contratá-las pode às vezes prevalecer sobre a sua precaução natural.

Seja prudente e insista em checar as referências, pois isso pode salvá-lo de cometer um erro que sairia muito caro.

Um gerente é alguém que "faz as coisas acontecerem valendo-se de outros profissionais". Uma seleção adequada dessas outras pessoas de quem seus resultados dependem determina 95% do seu sucesso como gerente. Selecionar e contratar de maneira criteriosa é o segredo para formar uma grande equipe. Verificar currículos e referências e certificar-se de que os candidatos realmente são quem afirmam ser, portanto, é uma etapa decisiva em um processo adequado de contratação.

Ao examinar um currículo, procure simplicidade e honestidade. Dê mais atenção aos feitos e realizações mencionados do que a descrições de atividades e períodos de permanência em empregos. Lembre-se: o que você procura é "transferência de resultados". Busque alguém que já tenha obtido sucesso na atividade para a qual você está contratando.

Seja cético em relação a cartas de referência. Em geral, elas são inúteis e enganosas. Às vezes, são oferecidas ao funcionário pelo empregador anterior em troca de paz, para que ele vá embora sem causar problemas quando estiver fora da empresa.

Eis uma estratégia simples, porém eficiente: diga ao candidato que a política da empresa é checar exaustivamente as referências fornecidas. Pergunte: "Existe alguma coisa que você gostaria de acrescentar antes que eu comece a ligar para essas pessoas?" As informações que você obtém nesse momento podem ser bastante reveladoras.

Verificar referências é uma tarefa simples. Telefone você mesmo para todas as pessoas que o candidato mencionar ou que tenham lhe fornecido uma carta de referência. Apresente-se e peça a ajuda delas. Esclareça que está entrevistando o candidato para um determinado cargo e explique do que se trata. Garanta que a conversa será mantida em sigilo. Comente o que o candidato disse sobre seu emprego anterior e certifique-se de que ele realmente desempenhou as funções e alcançou os resultados mencionados no currículo. Pergunte sobre os pontos fortes do pretendente. Então indague a respeito de eventuais pontos fracos.

Hoje, muitas empresas se recusam a dar informações sobre ex-funcionários, por medo de serem processadas. Nesse caso, a pergunta a ser feita é: "Você contrataria novamente essa pessoa?" A resposta pode ser um simples sim ou não, e não se pode processar ninguém por isso.

Se a resposta for "sim", isso é um bom sinal, um dos melhores que você pode obter. Se a pessoa disser não, isso deve lhe servir como um alerta. Ao voltar a falar com o candidato, você deve lhe perguntar por que seu antigo empregador não o contrataria novamente. Analise a resposta dele com cuidado e esclareça qualquer dúvida. Isso pode ser decisivo para que você tome a decisão correta. Em geral, um "não" é motivo suficiente para você não contratar essa pessoa.

As últimas palavras que você deve dizer quando estiver verificando uma referência são as seguintes: "Muito obrigado pelo seu tempo e atenção. Antes de desligar, existe alguma outra coisa que eu deveria saber sobre essa pessoa?" Então permaneça em silêncio e aguarde. Com frequência, uma observação casual feita ao fim da conversa acaba sendo muito valiosa e pode ajudá-lo a tomar a decisão correta.

Certa vez chequei as referências de uma mulher que eu estava entrevistando. Ouvi elogios entusiasmados de seu ex-empregador, que me disse que ela tinha excelente personalidade, se dava muito bem com os outros e era bastante simpática. Em resposta à minha última pergunta – "Existe alguma outra coisa que eu deveria saber sobre essa pessoa?" –, ele hesitou e então me disse: "Ela tem mentalidade de empresa grande. É bom que saiba disso."

Mais tarde, a muito custo, consegui entender o que ele estava querendo dizer com "mentalidade de empresa grande". Ela era uma "incompetente eloquente". Não se preocupava com o custo de nada. Estava acostumada a trabalhar em organizações de grande porte, onde o fato de jamais ter alcançado resultados expressivos era encoberto pelo caos de uma enorme burocracia. Em nossa pequena empresa, acabou sendo um fracasso total, incapaz de realizar a mais simples tarefa. Gastou uma fortuna com coisas que acabaram provando ser apenas desperdício de dinheiro. Ela se revelou uma contratação muito cara.

COLOQUE SUAS HABILIDADES EM PRÁTICA

Tenha calma e atenção na hora de contratar. Leve o tempo que for necessário falando ao telefone com o antigo superior direto do candidato para checar as referências dele. Lembre-se sempre de que decisões de contratação apressadas em geral se mostram equivocadas. Ouça as respostas com atenção e suspeite se algo não soar bem.

Pelo menos 54% dos currículos, de alguma maneira, contêm informações falsas, sobretudo nas áreas de formação escolar e realizações profissionais. Verifique cada detalhe importante que seja decisivo para um bom desempenho no cargo. Converse não apenas com ex-empregadores do candidato, mas também com ex-colegas de trabalho. Faça perguntas diretas e ouça as respostas com atenção.

CAPÍTULO 9

Pratique a Lei dos Três

A Lei dos Três é uma poderosa técnica que pode aumentar consideravelmente sua precisão na hora de selecionar as pessoas certas. Ela recomenda que você entreviste pelo menos três vezes qualquer pretendente a um cargo. Com um pouco de prática, você a aprenderá com facilidade e passará a utilizá-la de maneira automática ao longo de sua carreira.

A Lei dos Três tem várias aplicações. A primeira estipula que, para qualquer cargo, você entreviste pelo menos três pretendentes. Ao conversar com três pessoas diferentes, você vai conseguir ter uma ideia muito melhor do tipo de profissional disponível no mercado e do perfil que realmente está buscando. Nunca contrate o primeiro – ou o único – candidato com quem conversar. Seguir essa recomendação irá poupá-lo de aborrecimentos futuros.

Em segundo lugar, entreviste pelo menos três vezes o candidato que mais lhe agradou. Um pretendente que parece ótimo na primeira entrevista pode soar mediano na segunda e totalmente inaceitável na terceira. A Hewlett-Packard marca pelo menos sete encontros e envolve no mínimo quatro gerentes diferentes durante seus processos seletivos. Outras empresas chegam a exigir 25 reuniões e entrevistas antes de escolher quem vão contratar. Elas sabem da importância que uma decisão de contratação tem a longo prazo. Nunca faça uma proposta de trabalho sem ter tido oportunidade de encontrar a pessoa pelo menos três vezes.

Não é recomendável oferecer o emprego na primeira entrevista. Se você gostar de alguém, chame-o para conversar mais duas vezes. Ele estará sempre em sua melhor forma na primeira delas. Na segunda, já será uma pessoa diferente. Na terceira, você pode chegar a pensar por que cogitou contratá-lo.

Em terceiro lugar, entreviste o candidato de que mais gostar em pelo menos três lugares diferentes. A primeira entrevista pode ser no seu escritório. A segunda, no saguão do prédio ou em outra sala. A terceira pode ser realizada fora da empresa, num café, por exemplo. Uma pessoa que parece excelente no seu escritório pode parecer mediana no saguão do prédio e completamente medíocre quando você a leva para tomar café ou almoçar. O candidato começa a revelar seu verdadeiro temperamento e sua personalidade quando as entrevistas se desenrolam em lugares diferentes.

Certa vez me ofereceram um ótimo cargo como assistente particular do presidente de uma grande empresa. No meio de nossa conversa, ele sugeriu que pegássemos o carro e visitássemos uma fazenda que ele tinha nos arredores da cidade. Só depois de dar aquela volta comigo ele decidiu me contratar. Jamais esqueci essa experiência.

Decidir contratar alguém por impulso, apenas com base na sua intuição, muitas vezes pode resultar em erro. Como os seres humanos são, antes de mais nada, emotivos, devemos deliberadamente distanciar nossa natureza emocional das decisões que tomamos. É possível fazer isso desacelerando o processo de contratação da maneira que acabei de descrever.

A quarta aplicação da Lei dos Três recomenda que o candidato seja entrevistado por pelo menos outros três gerentes ou possíveis colegas de trabalho. Ao contratar alguém, não confie unicamente em seu próprio julgamento. Envolva outras pessoas. Abra as portas para diferentes perspectivas. Um pretendente de quem no início você gosta pode acabar se mostrando totalmente inaceitável quando outras pessoas o avaliam e têm oportunidade de expressar suas opiniões.

Na minha empresa, todo mundo tem a chance de entrevistar os candidatos, e então fazemos uma votação para eleger o melhor antes que ele receba uma proposta de trabalho. É realmente surpreendente ver o tipo de informação que surge quando um candidato conversa com um possível colega de trabalho, e não com um possível chefe. Minha equipe já rejeitou pessoas que eu achava maravilhosas. Mais tarde, constatei que meus funcionários estavam certos.

Uma grande vantagem em pedir a opinião de possíveis colegas de trabalho em entrevistas de emprego é que, se eles gostarem do candidato, este começará muito bem na empresa caso venha a ser contratado. Quando percebem que tiveram influência em uma decisão de contratação, seus funcionários sentem-se mais ligados a você, ao novo contratado e à empresa. Você acaba tendo um benefício duplo: além de tomar uma decisão de contratação melhor, sua equipe se torna mais comprometida e motivada.

Desde que começamos a utilizar esse processo de múltiplas entrevistas, nossa taxa de rotatividade caiu praticamente a zero, em um mercado de trabalho dinâmico, embora os índices de desemprego em nossa comunidade não cheguem a 3%.

A quinta aplicação da Lei dos Três diz respeito a falar com pelo menos três pessoas que trabalharam com o candidato no passado. Não se atenha somente às referências fornecidas pelo candidato. Diga que você também quer conversar com outras pessoas que tiveram contato profissional direto com ele. Peça a opinião delas quanto à adequação do pretendente ao cargo em questão.

Conduzir os processos de contratação de maneira tranquila e sem pressa garantirá que você cometa menos erros e faça escolhas melhores. Ao aplicar as muitas variações da Lei dos Três na seleção de novos profissionais, você irá ampliar significativamente sua habilidade de contratar e de manter os melhores na empresa.

COLOQUE SUAS HABILIDADES EM PRÁTICA

Elabore um checklist da entrevista realizada para anexar ao currículo de cada profissional que passar pelas etapas seletivas. Explique a Lei dos Três às pessoas que trabalham com você e peça que o ajudem a colocá-la em prática, no intuito de aprimorar cada decisão de contratação.

Da próxima vez que entrevistar um candidato que lhe pareça bastante interessante, empenhe-se em aplicar a Lei dos Três do início ao fim do processo. Depois, analise e discuta com seus colegas de que maneira esse processo funcionou. Muitos gerentes e executivos me disseram que esse método simples é uma das técnicas mais valiosas que aprenderam.

CAPÍTULO 10

Decida com propriedade

Tomar a decisão certa é fundamental para qualquer gerente. É nessa hora que você mostra sua capacidade de formar uma boa equipe e garantir a permanência dela dentro da empresa. Por isso é preciso conduzir essa etapa do processo com atenção e profissionalismo.

Antes de tomar a decisão definitiva de contratar alguém, reserve algum tempo para recapitular o que sabe sobre o candidato e a organização. Para começar, avalie o ambiente corporativo e a diversidade de pessoas na companhia. Isso terá um papel decisivo no desempenho futuro de seu novo funcionário. Ele se encaixa na cultura da organização? Vai ficar feliz trabalhando nesse ramo? Essas considerações são muito importantes.

Utilize a técnica de seleção conhecida como "membro da família", perguntando a si mesmo: "Eu ficaria à vontade convidando essa pessoa para jantar na minha casa, com a minha família?" Essa é uma boa pergunta, porque faz você avaliar se esse profissional se ajusta ou não ao seu estilo e ao da sua equipe.

Você gostaria de ver um filho seu trabalhando com essa pessoa ou para ela? Caso não, por quê? Ao imaginar um filho seu numa situação como essa, você tem uma ideia muito mais clara se o candidato é ou não adequado ao seu negócio.

Você realmente gosta dessa pessoa? Nessas ocasiões, não há mal nenhum em ser um perfeito egoísta. Você só deve contratar pessoas de quem goste. Afinal de contas, trata-se de um convite para se juntar à sua "família de negócios". Pense a longo prazo. Você se imagina à vontade trabalhando com essa pessoa pelos próximos 10 ou 20 anos? Lembre-se: pensar a longo prazo melhora consideravelmente as decisões tomadas a curto prazo.

Por último, comente a respeito das impressões que teve do candidato com outras pessoas que irão trabalhar com ele. Peça que revelem suas observações e opiniões e ouça com atenção. Então, leve o tempo que for necessário para decidir se esse é ou não o profissional certo para você.

Pergunte-se: "O que aconteceria se eu não contratasse essa pessoa? Que diferença faria? Existe alguma urgência em fazer isso?"

O empresário e colunista americano Harvey Mackay conta que certa vez passou seis meses à procura de um novo vendedor. Entrevistou 35 candidatos, vários deles mais de uma vez. Ao fim do processo seletivo, decidiu não contratar nenhum. Após anos de experiência, ele tinha aprendido que uma decisão de contratação ruim é pior do que não contratar ninguém.

COLOQUE SUAS HABILIDADES EM PRÁTICA

O momento para você tomar a decisão certa de contratação é ao fim do processo seletivo e antes de concluir sua escolha. É nessa hora que você deve refletir bastante sobre a situação. Vá com calma. Não tenha pressa. Dê ouvidos à sua intuição e confie no seu instinto, mas não deixe de verificar os fatos.

Se estiver em dúvida sobre contratar alguém, em geral isso significa que existe algum motivo. Adie a decisão. Reúna mais informações. Consulte mais pessoas. Converse de novo com o candidato. Prossiga apenas quando estiver convencido de que essa pessoa é a escolha certa. Isso irá livrá-lo de muitos problemas.

CAPÍTULO 11

Negocie o salário adequado

Dinheiro é um assunto delicado para a maioria das pessoas. A maneira como você determina quanto irá pagar ao candidato selecionado e os benefícios que ele receberá prepara o terreno para conversas e decisões futuras sobre remuneração. Portanto, é preciso abordar a questão com cuidado.

Eis uma boa regra a seguir no que diz respeito a salários, bônus e outras formas de remuneração: "Os bons não custam nada."

Os bons *não custam nada* porque, em termos de valor monetário, contribuem bem mais do que custam a você em salários e bônus. Qualquer bom funcionário que você inclua na sua folha de pagamentos aumenta os seus lucros. A lucratividade da sua empresa é amplamente determinada pela sua capacidade de atrair e manter profissionais que dão mais do que recebem. Por isso, o valor que você vai pagar a eles deve ser amplamente determinado pela potencial contribuição que eles vão dar à sua empresa, não por regras arbitrárias do mercado de trabalho ou do setor em que você atua.

O fato é que, hoje em dia, para contratar bons profissionais, você deve pagar o que for preciso, tendo como base o que eles poderiam receber em outros lugares. Ao mesmo tempo, você está adquirindo um serviço para a sua empresa, e é seu dever comprar essa quantidade e qualidade de serviço pelo melhor preço. Portanto, quanto mais bem preparado você estiver para negociar salários, melhor será o arranjo final.

Primeiro, faça o dever de casa. Pesquise o salário oferecido no mercado para o cargo em questão. Telefone para agências de emprego e descubra quanto lhe custaria uma pessoa com esse determinado nível e experiência. Leia os classificados no jornal. Pense em quanto você está pagando atualmente para profissionais em cargos semelhantes.

Em segundo lugar, reflita e determine o valor máximo que você pode pagar à pessoa que irá ocupar a vaga em aberto. Mas lembre que o valor mínimo praticado pelo mercado é também o *mínimo* que você deve pagar. Dinheiro não é a única coisa que motiva as pessoas, mas é um importante fator a ser considerado quando se trata de aceitar um emprego. Ninguém aceitará trabalhar por menos do que poderia receber em outro lugar fazendo a mesma coisa.

Se você está tirando alguém de outra empresa, terá que pagar no mínimo 10% mais do que ela atualmente recebe. Os 10% parecem ser o fator psicológico que faz as pessoas começarem a considerar a hipótese de mudar de empresa. Isso é verdadeiro sobretudo em relação aos mais jovens, em geral pouco comprometidos com seus empregadores.

Se não estiver muito certo de quanto oferecer, pergunte ao candidato: "Que nível de salário ou remuneração você está procurando?" ou "Que faixa salarial você acha que vale esse cargo?" Ouça a resposta com atenção. Não concorde nem discorde. Pergunte simplesmente: "Como você chegou a esse valor?" E ouça mais uma vez.

Você também pode perguntar: "Quanto gostaria de receber para se sentir bem trabalhando aqui?" A maioria das pessoas tem dois números em mente ao negociar a remuneração. O primeiro é o valor que idealmente *gostariam* de receber e que costuma ser bem superior ao que algum dia já receberam. O outro número, mais preciso, é o que de fato esperam receber, o valor com o qual ficariam satisfeitas. Seu trabalho é descobrir o segundo número.

Uma parte importante do pacote total de rendimentos é a variedade de benefícios que acompanha o cargo. Um bom plano de saúde pode ser mais interessante para uma pessoa casada e com filhos do que um salário alto. Horário flexível, carro da empresa ou férias mais longas podem contrabalançar um salário inicial mais baixo. Certifique-se de enfatizar esses pontos na negociação.

Se possível, ofereça de início menos do que a pessoa pede, mas concorde em aumentar seu salário em 90 dias se ela estiver fazendo um bom trabalho. Deixe claro que esse será um período de experiência. Ao fim desse tempo, avalie como ela se saiu. Nesse momento, se ambos estiverem felizes, discutam um aumento.

É preciso ressaltar que nenhuma dessas sugestões é definitiva. Como as pessoas e os desempenhos podem ser variados e imprevisíveis, cada recomendação oferecida neste livro está sujeita a revisão em face de novas informações. Certa vez, por exemplo, contratei uma profissional por um salário mais baixo do que o que ela estava pedindo, concordando em rever o valor 90 dias depois. Ela começou numa segunda-feira e logo na terça eu lhe dei o aumento, porque ela era obviamente muito boa no que fazia. Nunca me arrependi.

Portanto, não tenha medo de pagar bem os profissionais qualificados.

COLOQUE SUAS HABILIDADES EM PRÁTICA

Reveja a sua estrutura atual de salários e remunerações e certifique-se de que os valores sejam compatíveis com aqueles praticados pelo mercado. Em relação aos seus funcionários mais preciosos, aqueles que você não gostaria de perder, considere dar a eles um aumento, como forma de prevenir o assédio por parte de outras empresas. Ofereça benefícios adicionais, se outras organizações estiverem fazendo isso.

Esteja aberto à possibilidade de ter que pagar mais do que pretendia por um profissional qualificado para uma posição. Seu objetivo é pagar o valor justo, não mais. Portanto, faça o dever de casa e descubra quanto esse cargo vale no atual mercado de trabalho.

CAPÍTULO 12

Garanta um início com o pé direito

O tempo e a atenção que você investe em um novo contratado nos primeiros dias irão lhe conferir resultados extraordinários no futuro, na forma de aumento de produtividade e desempenho.

Hoje em dia, profissionais capacitados são valiosos e escassos demais para que se utilize a velha abordagem de contratação no estilo "pegar ou largar". Para subir depressa e se adaptar bem a seus novos empregos, os recém-contratados precisam interagir com os demais desde o primeiro dia. A maneira como você apresenta seus novos funcionários pode ter um impacto mensurável no desempenho deles por vários anos.

No primeiro dia, programe-se para conversar com ele sobre os valores, a visão, a missão e o propósito da empresa. Explique como e por que seus produtos e serviços fazem a diferença nas vidas e no trabalho de seus clientes. Convença-o do valor e da importância do trabalho dele e explique como ele se encaixa nas atividades da companhia. Ajude-o a entender quanto é valioso e importante no panorama geral.

Certifique-se de que o local onde ele irá trabalhar esteja preparado e em ordem. Se possível, mande fazer seus cartões de visita com antecedência. Faça com que ele se sinta em casa imediatamente.

Apresente-o a seus colegas de trabalho no primeiro dia. Ajude-o a se familiarizar com a empresa e seu funcionamento. Hoje em dia, muitas organizações promovem programas de orientação para novos colaboradores apenas para tratar desse aspecto. Esses programas duram de uma a duas semanas. Em todo caso, no primeiro dia, não deixe de passar bastante tempo com seu novo contratado, para que ele se sinta bem-vindo à sua nova família. Isso é muito mais fácil quando ele já conheceu um ou mais colegas durante o processo seletivo.

Crie um "sistema de companheirismo" para cada novo funcionário. Se não puder orientá-lo pessoalmente, designe uma pessoa qualificada para atendê-lo, num espírito de companheirismo e amizade. Ela deverá circular pela empresa com o novato e responder a qualquer pergunta que ele faça.

Quando você garante que as pessoas comecem com o pé direito, elas se tornam mais otimistas, motivadas e empenhadas em relação ao trabalho e à empresa. Os primeiros dias e semanas são extremamente importantes para transmitir ao novo funcionário a postura correta a ser adotada.

COLOQUE SUAS HABILIDADES EM PRÁTICA

Quando o novo funcionário chegar para o primeiro dia de trabalho, receba-o e diga que está feliz por tê-lo trabalhando a seu lado. Afirme que ele fez uma boa escolha ao aceitar a proposta da empresa. Ofereça sua ajuda de todas as maneiras possíveis. Diga que sua porta estará sempre aberta se ele quiser conversar ou fazer qualquer pergunta. Comporte-se como um anfitrião recebendo hóspedes em casa e faça a pessoa sentir-se bem-vinda.

Caso não possa orientar pessoalmente seu novo contratado, encarregue alguém de mostrar a ele como a empresa funciona. Na manhã do primeiro dia de trabalho, reúna-se com os dois, apresente-os, diga o que irão fazer juntos e responda ao que eles lhe perguntarem.

CAPÍTULO 13

Organize-se para que o início seja em ritmo acelerado

Se você tomou a decisão certa, seu novo funcionário vai estar preparado, disposto e na expectativa de começar no novo trabalho. Psicologicamente, vai estar ansioso para realizar algo produtivo e se tornar útil e importante o mais rápido possível. O que você fizer no primeiro dia terá efeito sobre a postura dele por muitas semanas e muitos meses.

O segredo para seu novo funcionário começar bem é não faltar trabalho para ele. As pessoas adoram se manter ocupadas, sobretudo quando estão ansiosas e cheias de dúvidas, como quando começam num novo emprego. Uma intensa carga de atividade desde o primeiro dia torna o trabalho estimulante e desafiador.

Ao distribuir tarefas, dê bastante feedback e abra espaço para discussões. Quando têm oportunidade de fazer perguntas e conversar sobre o trabalho, as pessoas se identificam bem mais rápido com a empresa. Ficam muito mais motivadas para desempenhar bem suas atividades, mais do que quando têm um começo lento e recebem pouco feedback.

Leve o tempo que for necessário para explicar ao novo funcionário como ele deve desempenhar sua função. Ainda que seja competente e bem-intencionado, ele irá precisar de orientação para realizar bem suas tarefas. Instruí-lo e orientá-lo é uma das grandes responsabilidades do gerente.

Tão logo seja possível, elogie a pessoa por uma ideia, sugestão ou um resultado que ela tenha apresentado. Encontre uma oportunidade para surpreendê-la fazendo um bom trabalho. Converse com ela, faça elogios e incentive-a a todo momento, sobretudo durante os estágios iniciais. Oferecer apoio e conforto a um novo funcionário num momento tão crítico de sua carreira nunca é demais.

As pessoas se mostram muito sensíveis durante os primeiros dias e semanas num novo emprego e costumam estar abertas a influências positivas ao longo desse período. Certifique-se de que esses momentos sejam especiais para seus novos funcionários, para que eles se sintam felizes em trabalhar com você.

COLOQUE SUAS HABILIDADES EM PRÁTICA

Faça uma lista das tarefas do novo funcionário e repasse-a com ele na primeira manhã de trabalho. Trate-o desde o início como uma pessoa valiosa e produtiva dentro da equipe. Dê a ele incumbências em número suficiente para mantê-lo trabalhando a todo o vapor desde o primeiro dia.

Acompanhe-o de perto durante os primeiros dias ou semanas, ou escolha alguém para fazer isso em seu lugar. De tempos em tempos, dê feedback sobre o que ele tem feito. Esteja ciente de que, nesse estágio inicial, seu novo funcionário cometerá erros e terá dúvidas sobre o trabalho. Seja paciente e ofereça seu apoio durante esse período de aprendizagem.

CAPÍTULO 14

Resolva os problemas rapidamente

O mundo em que vivemos é turbulento e as coisas mudam rápida e constantemente. Como as pessoas são diferentes umas das outras, mal-entendidos podem acontecer – e acontecem – o tempo todo. Problemas de personalidade e desempenho podem surgir mesmo entre os profissionais mais capazes e competentes. Muitas vezes, esses obstáculos não são culpa do funcionário.

Quando qualquer tipo de problema surgir, trate de resolvê-lo *imediatamente*. Muitos são passageiros, provocados por eventos externos, e logo desaparecem. Sempre que algo der errado, chame a pessoa ao seu escritório ou vá até ela quanto antes. Cuide do problema na hora, seja ele qual for.

Pense que existe uma explicação razoável para tudo. Resista à tentação de culpar, acusar ou julgar antes de reunir as informações necessárias. Em vez disso, ofereça seu apoio e sua solidariedade. Em lugar de acusar ou se queixar, faça perguntas para descobrir exatamente o que aconteceu e por quê. Em seguida, preste atenção nas respostas.

Lembre-se de que vários problemas de contratação se devem à empresa ou ao supervisor. A verdade é que ninguém erra de propósito. Todo mundo quer fazer um bom trabalho. Todos desejam ter seu valor reconhecido pelos outros e ser respeitados pelo chefe e pelos colegas.

A maior parte dos problemas no ambiente profissional é causada por dois fatores e ambos dizem respeito aos gerentes: falta de orientação e falta de feedback.

Sem orientação e prazos definidos, seu funcionário não terá certeza do que você espera e deseja. Sem instruções claras ou padrões de desempenho para orientar a conduta, você não pode querer que as tarefas sejam cumpridas com perfeição e em tempo hábil. Essa é uma das maiores causas de ineficiência e erro no ambiente de trabalho.

Se não receber orientação clara, a pessoa vai tentar fazer o melhor que puder, mas possivelmente fará as tarefas erradas, do jeito errado e na ordem de prioridade errada. Mesmo um profissional qualificado e dedicado terá um desempenho fraco se estiver em dúvida quanto ao que você realmente deseja.

Ao concluir uma tarefa, sobretudo algo importante, todos nós experimentamos a satisfação de ter terminado alguma coisa. Finalizar um trabalho eleva o amor-próprio e a autoestima e melhora a autoconfiança das pessoas. Elas se sentem *vencedoras*.

O oposto dessa experiência de sucesso é a confusão e inadaptação que sentimos quando trabalhamos sem tarefas ou objetivos precisos. Essa sensação de *derrota* é muitas vezes exacerbada pela crítica e pela desaprovação de um chefe irritado, talvez o maior responsável pelo mal-entendido. É por isso que o principal fator de desmotivação no trabalho é não saber o que esperam de você.

A boa notícia é que o que mais motiva um funcionário é ser informado do que se espera dele. Se uma pessoa tem certeza absoluta daquilo que o chefe deseja, quando e em que condições, ela se sente mais capaz e confiante, mais focada, com um controle maior de si mesma e do seu trabalho. E esses sentimentos são amplamente determinados pelo líder do grupo.

Falta de feedback no que diz respeito ao desempenho é o segundo maior gerador de insatisfação e desânimo no ambiente de trabalho. As pessoas necessitam saber, regularmente, como estão se saindo. Se estão cometendo erros, precisam que eles sejam apontados. Se estão trabalhando direito, isso deve ser reconhecido e reafirmado. Dar feedback constante é uma das maiores responsabilidades de um verdadeiro executivo. Você não pode esperar que os funcionários continuem motivados e animados com o trabalho se jamais diz a eles como são bons no que fazem.

Ruído na comunicação ou a ausência dela são possivelmente a causa de 95% dos problemas dentro de uma empresa. Um bom gerente sempre se sente culpado quando um funcionário não consegue atingir a meta esperada. Se você parte dessa premissa desde o início, consegue resolver com rapidez e facilidade a maior parte dos seus problemas relacionados a desempenho. Essa é a maneira de se manter no controle.

COLOQUE SUAS HABILIDADES EM PRÁTICA

Imagine que você é um solucionador de problemas profissional. Pense no trabalho como uma sucessão contínua e infinita de problemas. Aprenda a recebê-los bem, como uma confirmação do seu valor. Na verdade, se não houvesse problemas para você resolver, seu trabalho poderia ser feito por um computador ou alguém menos experiente.

Uma regra para toda a sua carreira: mantenha o foco na solução, não no problema. Diante de uma dificuldade, pergunte-se: "Qual é a solução? O que devo fazer agora? Qual é o próximo passo?" Concentre-se no futuro, não no passado. Concentre-se no que pode ser feito, não no culpado pela situação. Então resolva o problema e alcance seus objetivos profissionais.

CAPÍTULO 15

Melhore o desempenho de todos no ambiente de trabalho

As descrições de cargo e os requisitos necessários para se candidatar a um emprego mudam com tamanha rapidez que é preciso redefini-los continuamente a cada nova contratação. Vejamos cinco medidas simples que você pode adotar para melhorar o desempenho de todos aqueles que se reportam a você.

Em primeiro lugar, converse com cada funcionário em particular e explique claramente o que espera dele. Leve o tempo que for necessário. Seja bem direto e objetivo ao descrever os resultados que deseja obter com o trabalho dele.

Em segundo lugar, estabeleça padrões de desempenho mensuráveis para o trabalho que você deseja ver realizado. Quantifique tudo e, se possível, determine um valor em dinheiro para cada responsabilidade associada ao cargo em questão. Encontre uma forma de medir os diferentes aspectos do desempenho de cada funcionário. Uma das grandes regras da boa gestão é: "O que se pode medir, pode ser feito." Uma outra prevê: "Se não se pode medir, não se pode gerir."

Em terceiro lugar, jamais *parta do princípio* de que foi compreendido. Ao delegar uma tarefa, convém pedir ao funcionário que a repita em suas próprias palavras. Avise aos integrantes de sua equipe que eles devem ter sempre um bloco à mão, para anotar o que você disser nas reuniões.

Em pelo menos 50% dos casos, ao ler o que anotou sobre aquilo que você acabou de dizer, o funcionário mostra que interpretou mal alguma instrução. Esse é o momento de perceber o erro, não depois.

Em quarto lugar, dê feedback sobre o desempenho de seus funcionários regularmente. Para dar o melhor de si, as pessoas precisam de avaliações constantes, de modo a saber se estão ou não no caminho certo. Elas precisam ser avisadas quando seu desempenho é satisfatório e quando é preciso melhorar. Quanto mais novo for na empresa, mais o funcionário vai precisar desse retorno para alcançar um bom desempenho.

Por último, fique de olhos abertos. Delegar não é o mesmo que abdicar. Ao deixar uma tarefa a cargo de outra pessoa, você transmite uma responsabilidade, mas continua respondendo por ela. Se o trabalho é importante, fique de olho e avalie regularmente os progressos que estão sendo feitos. Isso não apenas oferece ao funcionário a real dimensão da importância do trabalho, como também proporciona um fluxo constante de feedback e permite que os erros sejam detectados nas primeiras etapas do processo, e não mais adiante, quando o prejuízo seria maior.

As pessoas adoram a sensação de estar fazendo um bom trabalho e de contribuir para o sucesso da empresa. Adoram, sobretudo, receber um retorno positivo e reconhecimento por um trabalho benfeito. Sua tarefa como gerente é satisfazer essa necessidade elementar de todos aqueles que procuram em você um grande líder.

COLOQUE SUAS HABILIDADES EM PRÁTICA

Reflita pelo tempo que for necessário e explique a cada funcionário a tarefa a ser realizada. A clareza permite que todos trabalhem melhor e reduz a necessidade de supervisão. Com isso, você aumenta a produtividade e economiza muito do seu tempo.

Assuma total responsabilidade pelas tarefas que delegar. Mantenha-se informado e lembre que, quanto mais importante for o trabalho, mais de perto você deve monitorá-lo. Sua função é fazer com que os outros produzam, e essa é a melhor maneira de conseguir isso.

CAPÍTULO 16

Dê um voto de confiança

Mal-entendidos, discussões e atritos são naturais e comuns, sobretudo quando pessoas muito diferentes, com vidas bastante complexas, trabalham juntas por horas num espaço limitado como um escritório. O modo como você lida com esses problemas inevitáveis da vida cotidiana é um indicador importante da sua inteligência, maturidade e capacidade como gerente.

Não importa o que aconteça ou o que possa parecer inicialmente, parta sempre do princípio de que as pessoas estão fazendo o melhor que podem com os recursos que têm. Quando estiver diante de problemas de relacionamento no escritório ou com o trabalho de algum funcionário, imagine que por trás disso existe a melhor das intenções. Dê sempre um voto de confiança. Resista à tentação de ficar irritado, impaciente ou ser intolerante.

Tenho por princípio jamais me deixar estressar pelo desempenho insatisfatório de um subordinado. Para minimizar esse tipo de desgaste, você tem que lidar com os problemas e mal-entendidos no momento em que surgem. Jamais volte para casa com uma questão não resolvida ou uma dificuldade para a qual ainda não encontrou uma saída.

O melhor a fazer, em primeiro lugar, é chamar o funcionário para uma conversa particular. Jamais corrija ou critique alguém na presença dos outros. Explique claramente, a portas fechadas, que você acha que existe um problema a ser resolvido. Diga a ele que você deseja discutir o assunto e chegar a uma solução. Faça isso sem acusações ou ataques.

Em segundo lugar, seja específico sobre o problema ou mal-entendido. Dê exemplos concretos da razão pela qual você está preocupado. Quanto mais objetivo você for, mais precisas e úteis serão as respostas às suas perguntas.

Em terceiro lugar, escute o funcionário até o fim. Preste atenção na maneira como ele enxerga a questão. Problemas que envolvem duas ou mais pessoas são únicos e a cada situação se aplicam regras e decisões distintas. Muitas vezes você verá que a maneira como o funcionário enxerga o problema lança uma luz completamente diferente sobre a situação.

Em quarto lugar, se o funcionário está deixando a desejar de alguma maneira, conversem e cheguem a um consenso sobre quanto o desempenho dele precisa melhorar. As pessoas não conseguem acertar um alvo se não podem vê-lo. Mas quando você aponta o que deve ser feito para corrigir um problema, elas descobrem como agir para retomar o bom caminho e ainda lhe agradecem pela maneira como a situação foi conduzida. Lembre-se: ninguém consegue resolver sozinho todos os problemas que surgem. Às vezes é preciso contar com ajuda.

Em quinto lugar, fique de olho no funcionário para ver se tudo está indo conforme o combinado. Dê feedback e ofereça sua ajuda sempre que necessário. Seja prestativo e companheiro. Às vezes, trabalhando com o gerente certo, um funcionário problemático pode se tornar uma estrela.

Por último, faça anotações precisas da conversa entre vocês. Se suspeitar de que o problema é a ponta de um iceberg que pode levar ao afastamento do funcionário, resguarde-se: mantenha um registro por escrito da conversa, informando quando e por que aconteceu, e qual foi a solução acordada. Isso pode evitar inúmeros aborrecimentos no futuro.

COLOQUE SUAS HABILIDADES EM PRÁTICA

Encare os desafios e as dificuldades na relação com os funcionários como uma parte natural e inevitável do seu trabalho como gerente. Dê um voto de confiança desde o início e parta do princípio de que as pessoas estão fazendo o melhor possível e que qualquer problema pode ser resolvido com a abordagem correta.

Ao identificar um problema no seu local de trabalho, chame as partes envolvidas para uma conversa em particular e, a portas fechadas, explique que você deseja resolver a situação. Sirva de mediador até que se chegue a um consenso. Nunca descuide da harmonia no local de trabalho.

CAPÍTULO 17

Satisfaça três grandes necessidades

Hoje em dia está cada vez mais difícil encontrar bons profissionais, mais ainda satisfazê-los. Uma de suas principais responsabilidades como gerente é criar um ambiente físico e emocional em que as pessoas se sintam seguras, úteis e respeitadas.

Para manter uma equipe de funcionários altamente qualificados, é preciso satisfazer suas necessidades emocionais, físicas e financeiras. Na esfera profissional, todo mundo tem três grandes necessidades emocionais: de dependência, independência e interdependência.

A necessidade de *dependência* tem a ver com a vontade de fazer parte de algo maior. Todos desejam pertencer a uma organização ou apoiar uma causa. As pessoas querem ter a sensação de que aquilo que fazem é importante para o mundo. Desejam a segurança, o conforto e a satisfação de estarem protegidas por uma empresa ou autoridade maior. Ambicionam ter um chefe digno de confiança e respeito.

Você pode satisfazer essa necessidade de dependência relembrando continuamente a seus funcionários a missão corporativa da organização. Diga a eles por que a empresa existe, em que vocês acreditam e o que defendem, e fale sobre a diferença que seus produtos e serviços fazem na vida de seus clientes. Fidelidade e comprometimento resultam da satisfação dessa necessidade básica.

Todo mundo tem também necessidade de *independência*. Ela está relacionada à chance de se destacar na multidão, ser reconhecido pelos outros como alguém especial e importante. Tem a ver com ser reconhecido por qualidades pessoais e realizações. Ao dizer qualquer coisa que faça a pessoa sentir-se útil, você satisfaz essa necessidade de independência e o sentimento de importância associado a ela.

O terceiro tipo de necessidade que as pessoas têm é o de *interdependência*, que está ligado a fazer parte de uma equipe, trabalhar bem e em espírito de cooperação com os outros. Os seres humanos são animais sociais e só ficam felizes quando trabalham com outras pessoas num ambiente harmônico e produtivo. As empresas mais bem-sucedidas e os melhores gerentes estão sempre procurando maneiras de estimular a alegria e a cooperação entre o seu pessoal. Trata-se de uma obrigação fundamental de todo grande gerente e líder.

A maneira de satisfazer essas três necessidades é ouvir com atenção, dar respostas adequadas e ser flexível ao lidar com as pessoas. Reconheça que elas têm necessidades que as tornam diferentes umas das outras. Seu trabalho é atentar para essas diferenças e reagir a elas da maneira mais apropriada.

COLOQUE SUAS HABILIDADES EM PRÁTICA

Reserve diariamente alguns minutos para relembrar às pessoas a importância do que vocês estão fazendo como funcionários da organização e do que elas estão realizando como indivíduos. Talvez a forma mais poderosa de satisfazer necessidades de dependência seja contar histórias ou ler cartas de clientes felizes com a empresa, e dizer a seus colaboradores que eles são fundamentais para gerar esse tipo de resposta positiva.

Planeje eventos regulares nos quais a equipe possa se reunir informalmente para socializar e se conhecer melhor. Quanto mais interagem, mais as pessoas sentem-se parte de algo maior do que elas mesmas e mais irão gostar do que fazem.

CAPÍTULO 18

Estimule a participação de todos os integrantes da equipe

Segundo especialistas, um funcionário típico hoje em dia utiliza menos de 50% da sua capacidade ao trabalhar. De acordo com alguns estudos, pelo menos 55% dos profissionais não se engajam no trabalho que realizam. Vão simplesmente seguindo a maré, fazendo o suficiente para não serem dispensados ou demitidos.

Uma das maiores contribuições que você pode dar à sua empresa é criar um bom ambiente de trabalho, no qual as pessoas se sintam contentes e estimuladas a atingir níveis de desempenho cada vez mais altos. Uma das melhores maneiras de fazer isso é encorajar a participação.

Antigamente, as pessoas ficavam agradecidas por terem um emprego. Saíam para trabalhar e faziam o que se esperava delas. E voltavam satisfeitas para casa. Hoje, porém, a situação mudou. Todos querem estar plenamente envolvidos com o trabalho. De fato, segundo muitas pesquisas realizadas junto aos trabalhadores, "estar inserido nas coisas" é uma das maiores fontes de satisfação profissional, à frente de salário e benefícios.

A melhor maneira de formar uma equipe eficiente com pessoas otimistas e altamente motivadas é fazer reuniões com regularidade para conversar, debater, argumentar, resolver problemas, traçar planos e compartilhar informações, ideias e experiências. Esse é o segredo para construir grupos produtivos e dotados de espírito empresarial.

Um de meus clientes, presidente de uma grande empresa de distribuição, me disse certa vez que seus negócios iam mal e que ele estava a ponto de falir. Então assistiu a uma de minhas palestras e aprendeu sobre a importância de fazer reuniões semanais com a equipe. Havia anos a empresa dele não promovia reuniões regulares, então ele achou que era hora de mudar e de se aproximar dos funcionários.

Quando ele convocou seus gerentes para a primeira dessas reuniões, sentiu que estavam bastante desconfiados. Sentaram-se de braços cruzados e pouco contribuíram. Mas, depois de duas ou três semanas, os obstáculos foram sendo vencidos. Os gerentes passaram a fazer sugestões para impulsionar as vendas, cortar custos e elevar os lucros. Seis meses foi o tempo necessário para a companhia dar a volta por cima.

Cada gerente, por sua vez, promoveu reuniões semanais com a própria equipe. Em pouco tempo, o clima de medo e desconfiança na empresa foi substituído por uma atmosfera de franqueza e energias positivas. Perdas se transformaram em lucros e a companhia voltou a crescer. Meu cliente disse que as reuniões semanais salvaram o negócio da falência.

Procure fazer uma reunião geral de equipe pelo menos uma vez por semana. Nesse encontro, todos deverão ser incentivados a falar brevemente sobre o que estão fazendo, como o trabalho está se desenrolando, que sugestões têm a dar e se precisam de algum tipo de auxílio. Deverão discutir suas atividades e compartilhar com os demais seus problemas e frustrações.

O gerente deve anotar o que é dito e, sempre que possível, agir com base nas decisões tomadas pelo grupo.

Você vai ficar impressionado ao ver com que rapidez essas reuniões vão fortalecer os laços de amizade e companheirismo entre os membros da sua equipe. Com essa aproximação, os problemas passam a ser resolvidos rapidamente. As pessoas começam a compartilhar suas experiências particulares. E o melhor: começam a rir juntas e a se ver como partes importantes de uma equipe e da empresa como um todo.

Quanto mais envolvidos estiverem nas decisões, mais motivados e entusiasmados seus funcionários vão se sentir para pôr em prática o que foi decidido e alcançar os objetivos traçados. Estimular a participação é uma das maneiras mais rápidas e comprovadas de formar uma equipe com alto padrão de desempenho.

COLOQUE SUAS HABILIDADES EM PRÁTICA

Convoque sua equipe para a primeira reunião semanal. Peça que cada funcionário informe ao grupo no que está trabalhando, como os projetos estão se desenvolvendo e se precisa de alguma ajuda.

Alterne a liderança da reunião. A cada semana, dê a um funcionário diferente a oportunidade de conduzi-la enquanto você participa como membro da equipe. Você vai adorar descobrir que as pessoas se entusiasmam e se envolvem rapidamente quando têm a chance de participar.

CAPÍTULO 19

Faça todo mundo sentir-se importante

Imagine que seus funcionários carregam o tempo todo pendurado no pescoço um cartaz com os dizeres "Faça com que eu me sinta importante".

Ao interagir com qualquer pessoa, você deve reagir a essa exigência humana elementar. Sempre busque maneiras de fazer as pessoas se sentirem importantes e úteis na equipe.

Existem quatro posturas que você pode assumir no dia a dia para elevar a autoestima de seus funcionários e fazê-los se sentirem mais importantes e úteis. Por coincidência, todas elas começam com a letra *A*.

O primeiro *A* é o de *apreciação*. Aproveite todas as oportunidades para agradecer a cada profissional por tudo o que ele faz para cumprir com seus deveres, mesmo que seja algo pequeno. Toda vez que você diz "obrigado" a autoestima da pessoa se eleva, e ela se sente cada vez mais motivada a fazer aquilo pelo qual foi reconhecida. Um chefe com "postura de gratidão" estará entre os grandes líderes de qualquer empresa.

O segundo *A* é o de *aprovação*. Elogie e demonstre sua aprovação a todo momento, a cada tarefa que a pessoa cumprir, por menor que seja. Elogie todos os seus esforços. Elogie suas boas ideias e sugestões. Mas, principalmente, elogie esse profissional quando ele fizer algo muito além de suas obrigações.

Elogie na hora. Elogie coisas específicas. Elogie regularmente. Ao receber um elogio, experimentamos uma sensação física e psicológica. A autoestima aumenta e nos sentimos mais satisfeitos com nós mesmos e com o trabalho. A boa notícia é que tudo o que é elogiado acaba sendo repetido. As pessoas normalmente passam a reproduzir comportamentos pelos quais receberam aprovação e que foram valorizados por profissionais cuja opinião elas respeitam.

O terceiro *A* é o de *admiração.* Elogie frequentemente as pessoas por seus traços pessoais e suas qualidades, como pontualidade e persistência. Elogie seus pertences, como roupas, carros e outros acessórios. Faça elogios também quando alcançarem uma meta, tanto no trabalho como na vida particular.

Sempre que você demonstra admiração por uma pessoa, principalmente em público, você eleva a autoestima dela. Você faz com que ela goste mais de si mesma e se sinta melhor e mais empenhada em relação a você e à empresa.

O quarto *A*, talvez o mais importante de todos, é o de *atenção.* Prestar atenção significa ouvir seus funcionários quando eles querem falar com você. Ouça com paciência, com atenção, com tranquilidade. E em silêncio, pelo tempo que for preciso, sem interrompê-los.

Sempre que uma pessoa é ouvida com atenção por alguém que ela respeita, a autoestima dela se eleva. Ela se sente mais útil e importante, se empenha mais no trabalho e em benefício próprio. Sente-se melhor e por isso faz um trabalho melhor.

Lembre-se: você não precisa se deixar guiar pelas ideias e sugestões que as pessoas lhe dão. Basta ouvir com atenção, assentir, dar um sorriso e agradecer pelo que lhe disseram. As pessoas ficam muito satisfeitas com a oportunidade de ter uma conversa franca com seus chefes. A você, cabe apenas escutar.

COLOQUE SUAS HABILIDADES EM PRÁTICA

Dê uma volta pelo escritório e pare por um momento para dizer algo simpático a cada pessoa. Enaltecimento, reconhecimento e gratidão, quando demonstrados por um chefe, exercem um impacto poderoso na maneira como as pessoas se sentem em relação a si mesmas. Faça isso regularmente.

Todo dia, escolha alguém da equipe para elogiar em público. Não há nada que faça as pessoas se sentirem mais importantes do que elogios feitos na frente de todos.

CAPÍTULO 20

Crie um excelente ambiente de trabalho

Manter bons funcionários é fundamental para o sucesso de qualquer empresa hoje em dia. Os altos custos gerados pela rotatividade de pessoal são um problema tão grave que podem até afundar um negócio.

Depois de formar uma equipe bem treinada e qualificada, você deve fazer de tudo para mantê-la motivada e produtiva na companhia. Uma vez que passou a contar com esses profissionais, você não deve perdê-los, a menos que decida o contrário. É preciso criar um excelente ambiente de trabalho, e a primeira providência para isso é "afastar o medo", como declarou o escritor e consultor americano W. Edwards Deming.

Seu trabalho é criar um ambiente em que haja confiança e as pessoas se sintam muito bem com elas mesmas: otimistas e felizes, protegidas e seguras. E também à vontade na sua presença.

A melhor maneira de criar essas condições é evitar criticar, condenar ou reclamar do que quer que seja. Não culpe as pessoas por cometerem erros e enganos. Em vez disso, crie um ambiente de trabalho no qual o medo do fracasso e da rejeição simplesmente não exista.

O segredo para criar um ambiente em que haja confiança é permitir que as pessoas cometam erros, sem criticá-las ou fazê-las se sentirem mal de alguma maneira. Quando sabem que podem assumir riscos e cometer erros sem sofrer retaliação, elas se sentem mais seguras e confiantes. Logo, serão mais cuidadosas e criativas para atingir os objetivos da organização, dando o melhor de si.

Toda vez que alguém fizer algo que não resultar em nada ou cometer um erro – e isso vai acontecer com frequência –, em vez de criticar, concentre-se na solução, no que pode ser feito. Mostre à pessoa envolvida as lições contidas naquele incidente. Ajude-a a se aprimorar e a evitar cometer aqueles erros novamente. Aponte o problema e então pergunte: "O que você aprendeu? Da próxima vez que isso acontecer, como você acha que devemos proceder?"

Ajude seus funcionários a aprender e superar fracassos e revezes. Incentive-os a aprender o máximo possível com os erros. Sempre que possível, elogie e reconheça sua iniciativa de assumir riscos.

Uma história famosa sobre Thomas J. Watson Sr., o fundador da IBM, conta que certo dia ele chamou ao escritório um jovem vice-presidente para avaliar o seu trabalho. O jovem executivo gastara US$ 10 milhões em uma pesquisa que não resultara em nada. Quando o vice-presidente chegou, estava resignado e disse a Watson: "Não precisa me demitir. Eu vou em paz. Sei que cometi um erro."

Watson respondeu: "Demitir você? Por que eu faria isso? Acabei de gastar US$ 10 milhões na sua educação. Agora, vamos conversar sobre a sua próxima tarefa." Essa é a postura de um grande executivo.

Só é possível aprender, se desenvolver e crescer mediante o método de tentativa e erro. Seu trabalho é se certificar de que cada lição aprendida possa ser aplicada para aumentar ainda mais o sucesso da sua empresa no futuro. Essa é a principal maneira de criar um excelente ambiente de trabalho.

Outra forma de fazer isso é estruturar a empresa de modo a atender às necessidades mais urgentes dos seus funcionários, sobretudo quanto a horários flexíveis. Hoje em dia, essa é uma das questões mais preocupantes para as pessoas que trabalham.

A maior parte dos funcionários tem algum tipo de responsabilidade familiar, como cuidar de filhos ou parentes idosos. Quando surge uma emergência na família, eles sabem que podem tirar algum tempo livre para resolver o problema imediatamente. Nesse momento, o apoio e a compreensão do chefe são mais importantes que qualquer outra coisa para garantir a satisfação do funcionário e seu comprometimento com a empresa a longo prazo.

Há alguns anos eu era um jovem pai de família e percebi que a maioria dos meus funcionários também tinha filhos. Alguns eram pais solteiros, que tinham que fazer malabarismo para dar conta das responsabilidades do trabalho e do lar: educação, escola, consultas médicas, doenças repentinas, emergências. Tudo isso era muito estressante.

Decidi introduzir na empresa uma política chamada "A família vem em primeiro lugar". Reuni todo mundo e anunciei que, a partir daquele dia, qualquer emergência que alguém tivesse na família, em especial envolvendo crianças, viria antes de tudo.

Na prática, isso significava que um funcionário com problemas pessoais podia deixar o escritório durante o dia, chegar mais tarde, sair mais cedo, ou mesmo nem aparecer no trabalho, dependendo de seu próprio julgamento. Não haveria desconto no salário e tampouco a necessidade de fazer hora extra para compensar o tempo perdido.

Obviamente, essa política foi estendida para outros casos: quando as pessoas não podiam ir trabalhar porque um filho estava para nascer, porque tinham que fazer uma cirurgia e se recuperar em casa, ou mesmo para poderem ir a um velório ou lidar com crises familiares que exigiriam alguns dias de afastamento. Nossa política "A família vem em primeiro lugar" nos custou milhares de dólares e talvez tenha sido a melhor que já adotamos. Ninguém tenta tirar vantagem dela e todos ficam felizes em saber que têm liberdade para ir e vir segundo suas próprias necessidades.

Nossos funcionários são úteis e valiosos. Seus sentimentos e sua vida pessoal são importantes. Para mostrar que acreditamos nisso, agimos em vez de só falar. Ao colocar em prática esse princípio e as demais ideias descritas no livro, criamos uma equipe feliz e harmoniosa, com profissionais otimistas e produtivos, que gostam de si mesmos e uns dos outros e realizam um trabalho excelente, praticamente sem supervisão. Você também pode formar uma equipe assim.

COLOQUE SUAS HABILIDADES EM PRÁTICA

Imagine que você é professor, guia ou conselheiro. Aproveite cada oportunidade para fazer seus funcionários crescerem com os erros e incentive-os a apontar as lições que aprenderam e que podem ser usadas no futuro.

Faça um esforço para enxergar o lado bom em qualquer situação difícil. A cada revés, tente extrair uma lição a ser aprendida. Imagine que os problemas que você está enfrentando vieram no momento certo, para lhe ensinar algo que você precisa aprender para ter mais sucesso no futuro. Não pare de procurar essa lição até encontrá-la.

Institua uma política de horários flexíveis e de priorização da família. Dê a seus funcionários, ao mesmo tempo, mais liberdade e mais responsabilidade. Você vai ficar espantado e satisfeito ao ver como eles respondem bem a isso.

CAPÍTULO 21

Mantenha sempre o foco na equipe

Essa talvez seja a regra mais importante para o seu sucesso como gerente. Se você mantém o foco na equipe, ela se empenha em fazer um bom trabalho. Se você se empenha em fazer as pessoas se sentirem bem com elas mesmas, elas retribuem com altas doses de criatividade, energia positiva, cooperação, comprometimento e dedicação.

Dizem que não existe soldado ruim sob o comando de um bom general. O fato é que a motivação profissional não surge do nada dentro de uma empresa: ela vem de cima. É você quem define os rumos de seus subordinados. Você é a vela de ignição, o principal fator para a produtividade de todo o departamento e, consequentemente, da empresa. Por ser o líder, é o maior responsável por contratar e manter os melhores profissionais, transformando-os numa equipe com alto padrão de desempenho que, semana após semana, mês após mês, obtém excelentes resultados.

No atual mercado de trabalho, é preciso tratar cada profissional como se ele fosse um *voluntário*. Imagine-se coordenando uma organização sem fins lucrativos ou uma campanha política. Pense que todos aqueles que vão trabalhar são voluntários dispondo de seu tempo pessoal, que poderia estar sendo empregado em qualquer outra atividade.

Por causa da grande oferta de empregos hoje em dia, cada pessoa que trabalha para você é, de fato, um voluntário e está livre para trabalhar onde quiser, pois existem muitas oportunidades. E quanto mais competentes forem os seus funcionários, mais oportunidades eles terão. Quanto mais úteis forem para a sua empresa, mais facilidade terão em deixá-lo se estiverem infelizes.

Ao tratar cada pessoa como um voluntário e lhe demonstrar continuamente sua satisfação em tê-la trabalhando a seu lado e o ajudando a alcançar seus objetivos, você estará sendo mais atencioso e positivo. Será muito mais educado e cortês, prestativo e encorajador, amistoso e solidário. Não irá criticar, reclamar ou ficar irritado quando algo der errado. Afinal de contas, você deve lembrar que essas pessoas são voluntárias e podem ir embora a qualquer momento se estiverem infelizes.

COLOQUE SUAS HABILIDADES EM PRÁTICA

Imagine constantemente como seria perder seus melhores funcionários. Aja como se eles já estivessem analisando outras propostas de trabalho. Trate-os como os trataria se fossem cruciais para o funcionamento da sua empresa, porque, na verdade, eles são.

Tome todas as medidas necessárias para assegurar um clima de harmonia e benevolência no trabalho. Comprometa-se a criar um ambiente que deixe as pessoas felizes ao chegar e relutantes no momento de ir embora. Pense todos os dias no que é possível fazer para melhorar esse clima.

Conclusão

A cada estágio de desenvolvimento econômico e comercial, habilidades diferentes são necessárias para sobreviver e prosperar. No passado, você precisou de concentração e determinação para realizar bem o seu trabalho. Teve sempre que se destacar na competição, mas certificando-se de que todos à sua volta pensavam e agiam da mesma maneira. Essas qualidades continuam sendo essenciais, mas existe uma outra habilidade que você deve possuir.

Hoje em dia, o mais importante é desenvolver a competência de contratar e manter os melhores profissionais. Seu êxito nessa tarefa exercerá um impacto maior nos seus rendimentos e no seu sucesso do que qualquer outra habilidade que você possa adquirir.

Releia a seguir os 21 princípios que podem ser utilizados para alcançar esse objetivo:

1. Faça da seleção a sua prioridade máxima. Leve o tempo que for necessário para selecionar novos funcionários. Preste atenção, porque seu sucesso como gerente é praticamente determinado pelas pessoas que você escolhe para trabalhar do seu lado.

2. Pense bastante e seja claro ao definir as responsabilidades do cargo. Dê um passo atrás e encare o cargo de maneira objetiva. Determine os resultados que a função exige, as habilidades necessárias para alcançá-los e os atributos pessoais do pretendente ideal.

3. Descreva o cargo. Pense por escrito! Reserve alguns minutos para fazer uma descrição do profissional ideal que você gostaria de contratar para ocupar a vaga em questão. Liste as qualidades e habilidades que está procurando por ordem de importância. Consulte essa descrição regularmente.

4. Na busca de bons profissionais, amplie ao máximo seu leque de opções. Use a lei das probabilidades a seu favor. Procure candidatos ideais por toda parte: na sua equipe, entre seus amigos e contatos pessoais e também em agências de emprego, anúncios em jornais e na internet. Entre em contato com universidades locais. Procure constantemente os profissionais necessários para o sucesso do seu negócio.

5. Conduza as entrevistas com eficiência. Prepare-se exaustivamente para cada entrevista de emprego, anotando de antemão suas principais perguntas. Verifique informações sobre o passado profissional do candidato, suas ambições e seus objetivos para o futuro. Não comece a vender se ainda não decidiu comprar.

6. Procure o melhor indicador de sucesso. Entreviste, faça perguntas e esteja alerta para um candidato que realmente deseja trabalhar para você e para a sua empresa. Isso não basta para garantir o sucesso, mas é o melhor indicador de que o pretendente irá se sair bem no trabalho.

7. Investigue o passado profissional do candidato. O ponto central da entrevista são as experiências de sucesso do candidato. Você está contratando uma pessoa que pode contribuir com determinado resultado para a sua empresa, e a única maneira de garantir um bom desempenho no futuro é verificando se há comprovação de um bom desempenho no passado.

8. Verifique atentamente currículos e referências. Confira todas as informações fornecidas pelo candidato sobre o passado dele. A maioria dos currículos contém algum tipo de informação falsa. Leve o tempo que for necessário para conferir e reconferir se a pessoa tem experiência suficiente para fazer bem o trabalho.

9. Pratique a Lei dos Três. Desacelere e aperfeiçoe o processo de seleção encontrando-se com o candidato em pelo menos três ocasiões antes de tomar uma decisão. Entreviste-o em três lugares diferentes. Certifique-se de que ele seja entrevistado por outros três membros da sua equipe. Entre em contato com três pessoas listadas como referências. Leve o tempo que for necessário nessa etapa e evite aborrecimentos futuros.

10. Decida com propriedade. Um executivo competente é realmente posto à prova quando precisa mostrar a sua capacidade de tomar a decisão correta. Depois de reunir todas as informações e checar as referências do candidato, você deve ouvir a sua "voz interior" e confiar em seu julgamento pessoal.

11. Negocie o salário adequado. Leve o tempo que for preciso para chegar a um acordo salarial com a pessoa que vai contratar. Essa é uma parte delicada e importante do processo de contratação e prepara o terreno para negociações salariais no futuro.

12. Garanta um início com o pé direito. O primeiro dia e a primeira semana em um novo emprego causam uma impressão que perdura por meses e anos. Não tenha pressa ao orientar seu novo contratado e assegure-se de que ele se sinta bem-vindo e à vontade.

13. Organize-se para que o início seja em ritmo acelerado. Prepare um plano de trabalho completo para o novo funcionário e certifique-se de que ele fique bastante ocupado desde a primeira hora do primeiro dia no novo emprego. As pessoas adoram se sentir produtivas, e é no primeiro dia que você determina quanto elas se manterão ocupadas no futuro.

14. Resolva os problemas rapidamente. Seja rápido na hora de resolver problemas e esclarecer mal-entendidos. Considere-se um solucionador de problemas profissional. Mantenha o foco no futuro e no que pode ser feito, em vez de pensar no passado e em quem atribuir a culpa.

15. Melhore o desempenho de todos no ambiente de trabalho. Seu papel como gerente é assumir responsabilidade total pelos resultados que serão gerados por meio do trabalho realizado pela sua equipe. Ao delegar tarefas, leve o tempo que for necessário. Seja claro e acompanhe tudo de perto para garantir o melhor resultado, em termos de tempo e dinheiro.

16. Dê um voto de confiança. Problemas no trabalho acontecem o tempo todo e são inevitáveis. No entanto, as pessoas tentam dar o melhor de si e a sua postura deve indicar que você acredita nisso.

17. Satisfaça três grandes necessidades. Trabalhe todos os dias para criar um ambiente em que as necessidades de dependência, independência e interdependência de cada pessoa possam ser satisfeitas na busca dos objetivos da empresa.

18. Estimule a participação de todos os integrantes da equipe. Reúna seus funcionários toda semana para conversar sobre o trabalho e compartilhar ideias. Mantenha todos envolvidos no processo. Essa é a única maneira de formar uma grande equipe.

19. Faça todo mundo sentir-se importante. Quanto mais um funcionário gosta de si mesmo, mais feliz e motivado ele se sente para realizar um bom trabalho. Aproveite cada oportunidade para elogiar os profissionais que trabalham com você e fazê-los se sentirem bem com eles mesmos.

20. Crie um excelente ambiente de trabalho. Construa um ambiente de confiança e segurança e mostre-se compreensivo quando erros honestos acontecerem, sem criticar, reclamar ou ameaçar o funcionário com um rebaixamento ou uma punição. Seja flexível em relação ao tempo e à maneira como as pessoas fazem o trabalho.

21. Mantenha sempre o foco na equipe. Os membros da sua equipe são elementos insubstituíveis na empresa. Trate-os como se fossem voluntários cheios de opções que trabalhassem para você apenas porque os trata tão bem.

Quando você começa a prestar mais atenção em contratar e manter bons profissionais, consegue se aprimorar cada vez mais à medida que o tempo passa. Vai ganhando experiência na arte de entrevistar e contratar, de coordenar e motivar, tornando-se cada vez mais útil para si mesmo e para a empresa.

É quando se especializa na caça aos bons profissionais que você percebe seu pleno potencial como gerente. Na sua carreira, não há limites de quanto é possível percorrer ou subir. Boa sorte!

CONHEÇA OUTROS TÍTULOS DO AUTOR

CONSIGA UM AUMENTO E SEJA PROMOVIDO COM RAPIDEZ

Brian Tracy

Esse livro tem um único objetivo: ajudar você a se tornar o mais bem-sucedido possível no seu campo de atuação. Ele se baseia no princípio de que você é o único responsável por sua carreira e seu futuro e não pode ficar esperando que coisas boas lhe aconteçam. É você quem deve criar as circunstâncias, em vez de simplesmente se submeter a elas.

Empresário e palestrante com vasta experiência em aprimoramento profissional, Brian Tracy revela as estratégias usadas pelos profissionais mais bem pagos para maximizar suas qualidades, se destacar, ganhar mais e se tornarem indispensáveis para a sua empresa.

Ele apresenta os 21 princípios fundamentais para você se sobressair em cada aspecto do seu dia a dia no trabalho. Entre outras coisas, recomenda que você escolha a empresa e o chefe certos, seja um solucionador de problemas, desenvolva ideias criativas para executar as tarefas de modo eficaz e cuide do dinheiro da empresa como se fosse seu.

Assim você poderá desenvolver a disciplina e a determinação necessárias para aumentar sua produtividade, superar os resultados esperados, conquistar o respeito de seu chefe e de seus colegas e ter mais satisfação e prazer no trabalho.

AS LEIS UNIVERSAIS DO SUCESSO

Brian Tracy

Você gostaria de transformar sua vida e sentir-se mais satisfeito com quem é, o que faz e os resultados que alcança? Talvez seja a hora de conhecer as leis que governam o sucesso, a felicidade, o amor, o dinheiro, os negócios e todos os outros aspectos essenciais para a autorrealização.

Cada uma das 120 mensagens inspiradoras desse livro propõe uma reflexão sobre temas como otimismo, motivação, hábitos, enriquecimento, escolhas e expectativas – pequenos grandes princípios que você pode aplicar à sua vida para torná-la ainda mais feliz, próspera e bem-sucedida.

O PODER DO CHARME

Brian Tracy com Ron Arden

Ser charmoso não significa ser bonito, inteligente, rico ou bem-sucedido. Significa ser capaz de causar um encantamento imediato e fazer com que os outros se sintam importantes.

Depois de identificar as características comuns às pessoas charmosas, os consultores Brian Tracy e Ron Arden reuniram nesse livro regras e técnicas simples para ensinar passo a passo como se tornar mais cativante e persuasivo em qualquer situação.

Como o charme não é uma qualidade inata, com a orientação necessária qualquer pessoa pode aprender a ser alguém que todos desejam ter por perto. Em capítulos curtos e objetivos, *O poder do charme* aponta o caminho para transformar radicalmente sua vida social, amorosa e profissional.

CONHEÇA OUTROS TÍTULOS DA EDITORA SEXTANTE

NÃO TENHA MEDO DE SER CHEFE

Bruce Tulgan

Você se senta à sua mesa, fecha a porta e tenta fazer aquilo que considera "o seu trabalho", mas volta e meia precisa parar tudo para apagar incêndios. Nunca há tempo para acompanhar de perto o que cada membro da equipe está fazendo. Tanto seus funcionários mais brilhantes quanto os menos competentes estão insatisfeitos e cobram instruções e reconhecimento. Seu superior não o ensinou a gerenciar e, quando você pede a ele que determinada pessoa seja premiada por seu ótimo desempenho, ele lhe nega recursos.

Como ser o gerente que você quer ser e que seus funcionários gostariam que fosse? Para isso você precisa ser um líder comprometido com seu trabalho, que arregaça as mangas, monitora seu pessoal, avalia o desempenho, premia os êxitos e pune os fracassos.

Em *Não tenha medo de ser chefe* Bruce Tulgan apresenta uma abordagem engajada que desenvolve a confiança e a coragem para assumir o comando. Ele ensina você a se preparar para os desafios de uma administração focada e ativa descrevendo os problemas que poderá enfrentar e explicando o que fazer para conseguir resultados mais eficientes e se manter no rumo certo.

Reconheça sua própria autoridade, assuma o controle e torne-se um gerente forte. Você deve isso ao seu empregador, aos seus funcionários e a si mesmo.

FAÇA O QUE TEM DE SER FEITO

Bob Nelson

A mensagem desse livro é simples mas poderosa: fazer o que precisa ser feito, e não apenas o que lhe pedem, é a marca registrada da excelência profissional. Esta é a postura que devemos adotar para crescer e nos realizarmos profissionalmente.

Atender a um cliente, solucionar um problema, ajudar um colega de trabalho, dar uma sugestão para economizar dinheiro, desenvolver uma ideia ou aprimorar um processo são ações esperadas de cada pessoa a partir do momento em que é contratada.

É isso que Bob Nelson chama de "A Expectativa Suprema": uma mensagem que todo mundo precisa ouvir, mas que poucas empresas declaram explicitamente.

Com exemplos claros e concretos, ele vai mostrar as diversas iniciativas que você pode tomar para ser reconhecido como alguém que "faz as coisas acontecerem". A recompensa chegará antes do que você imagina.

O MONGE E O EXECUTIVO

James C. Hunter

O monge e o executivo conta a história de John Daily, um homem de negócios bem-sucedido que percebe, de repente, que está fracassando como chefe, marido e pai. Numa tentativa desesperada de retomar o controle da situação, ele decide participar de um retiro sobre liderança num mosteiro beneditino, comandado pelo frade Leonard Hoffman, um influente empresário americano que abandonou tudo em busca de um novo sentido para a sua vida.

O monge defende que a base da liderança não é o poder e sim a autoridade, conquistada com amor, dedicação e sacrifício. E diz ainda que respeito, responsabilidade e cuidado com as pessoas são virtudes indispensáveis a um grande líder. Ou seja, para liderar é preciso estar disposto a servir.

Através da história desses personagens fascinantes, James C. Hunter apresenta conceitos fundamentais para melhorar nossa capacidade de liderança e o convívio com os outros, ajudando assim a nos tornarmos pessoas melhores e abrindo caminho para o sucesso duradouro.

ADAPTE-SE OU MORRA

Fast Company

Adapte-se ou morra apresenta 55 princípios universais, elaborados a partir de 400 citações de grandes pensadores sobre o mundo empresarial, que vale a pena seguir se você deseja evoluir e brilhar profissionalmente.

Você vai encontrar lado a lado ideias clássicas e inovadoras sobre os mais variados temas ligados aos negócios: da comunicação à necessidade de mudança, da criatividade à tecnologia, da ética à contratação de pessoal.

Interessante e de fácil consulta, esse livro traz também um quadro de lições rápidas no final de cada capítulo, ensinando, entre outras coisas, como mudar, se comunicar, tomar decisões, executar, liderar e construir uma empresa melhor.

Fundamentado nos conselhos de personalidades como Adam Smith, Maquiavel, Bill Gates, Tom Peters, Warren Buffett e Peter Drucker, este é um guia de referência para qualquer pessoa que queira conhecer melhor a dinâmica do mercado – seja para se destacar onde trabalha ou para abrir e administrar uma empresa.

Talvez você não concorde com todas as ideias e citações apresentadas, mas é justamente a diversidade de pontos de vista que torna este livro tão valioso. Ele vai ampliar sua visão dos negócios.

COMO CHEGAR AO TOPO

Jeffrey J. Fox

Você quer se aprimorar e ir mais longe em sua carreira? Deseja saber de quais competências precisa para se destacar e se tornar o chefão na empresa em que trabalha? Esse livro vai mostrar que o caminho para chegar ao topo não é tão penoso como você imagina.

Há vários fatores que podem levá-lo a conquistar esse objetivo, como sua maneira de trabalhar, a sorte, o momento certo, os concorrentes, sua personalidade e as indicações de outros profissionais. Os conselhos desse livro vão ajudá-lo a analisar seu modo de agir, superar as desvantagens, preparar-se para as oportunidades e usar o talento a seu favor.

O autor se valeu de sua experiência como executivo de grandes empresas para reunir as melhores dicas para você se tornar um líder íntegro, admirado e habituado a bater metas. Mas ele não se restringe à esfera profissional. Afinal, se sua vida pessoal está em equilíbrio, é bem provável que você seja mais produtivo no trabalho.

Ele aconselha, por exemplo, que você mantenha a boa forma e sugere que, em vez de levar trabalho para casa, você chegue 45 minutos mais cedo e saia 15 minutos mais tarde. Assim, dará conta de suas tarefas sem sacrificar sua vida pessoal.

Para ser o todo-poderoso de uma organização, não basta ter autoridade para tomar decisões e comandar outras pessoas. É preciso demonstrar disciplina, visão, talento e ousadia para inovar na medida certa e tornar a empresa ainda mais lucrativa.

OS SEGREDOS DA MENTE MILIONÁRIA

T. Harv Eker

Quem nunca se perguntou por que algumas pessoas precisam suar a camisa para ganhar dinheiro, enquanto alguns felizardos parecem enriquecer facilmente? Segundo T. Harv Eker, isso não ocorre por causa de diferenças de educação, de inteligência, de talento, de oportunidades, de métodos de trabalho, de contatos, de sorte, muito menos como resultado da escolha de empregos, negócios ou investimentos.

A resposta, segundo o autor, está no modelo pessoal de dinheiro que todos nós trazemos gravado no subconsciente. Para ele, mesmo quando uma pessoa domina a área em que atua profissionalmente, se o seu modelo de dinheiro não estiver programado para um alto nível de sucesso, ela jamais enriquecerá – e, se isso acontecer, é possível que logo perca tudo o que conquistou.

Nesse livro, Eker apresenta os princípios da mente milionária, mostrando que podemos nos recondicionar, em termos de pensamentos e ações, para atingir o sucesso de um modo tão natural quanto as pessoas ricas. Combinando o saber adquirido na prática com uma linguagem bem-humorada, ele nos orienta a identificar as crenças prejudiciais e a transformá-las para que tenhamos mais chances de ser bem-sucedidos, conservar o dinheiro, fazê-lo crescer continuamente e melhorar os nossos relacionamentos.

CONHEÇA OS CLÁSSICOS DA EDITORA SEXTANTE

1.000 lugares para conhecer antes de morrer, de Patricia Schultz

A História – A Bíblia contada como uma só história do começo ao fim, de The Zondervan Corporation

A última grande lição, de Mitch Albom

Conversando com os espíritos e *Espíritos entre nós,* de James Van Praagh

Desvendando os segredos da linguagem corporal e *Por que os homens fazem sexo e as mulheres fazem amor?,* de Allan e Barbara Pease

Enquanto o amor não vem, de Iyanla Vanzant

Faça o que tem de ser feito, de Bob Nelson

Fora de série – Outliers, de Malcolm Gladwell

Jesus, o maior psicólogo que já existiu, de Mark W. Baker

Mantenha o seu cérebro vivo, de Laurence Katz e Manning Rubin

Mil dias em Veneza, de Marlena de Blasi

Muitas vidas, muitos mestres, de Brian Weiss

Não tenha medo de ser chefe, de Bruce Tulgan

Nunca desista de seus sonhos e *Pais brilhantes, professores fascinantes,* de Augusto Cury

O monge e o executivo, de James C. Hunter

O Poder do Agora, de Eckhart Tolle

O que toda mulher inteligente deve saber, de Steven Carter e Julia Sokol

Os segredos da mente milionária, de Harv T. Ecker

Por que os homens amam as mulheres poderosas?, de Sherry Argov

Salomão, o homem mais rico que já existiu, de Steven K. Scott

Transformando suor em ouro, de Bernardinho

INFORMAÇÕES SOBRE OS PRÓXIMOS LANÇAMENTOS

Para receber informações sobre os lançamentos da EDITORA SEXTANTE, basta cadastrar-se diretamente no site www.sextante.com.br

Para saber mais sobre nossos títulos e autores e enviar seus comentários sobre este livro, visite o site www.sextante.com.br ou mande um e-mail para atendimento@esextante.com.br

EDITORA SEXTANTE
Rua Voluntários da Pátria, 45 / 1.404 – Botafogo
Rio de Janeiro – RJ – 22270-000 – Brasil
Telefone (21) 2538-4100 – Fax (21) 2286-9244
E-mail: atendimento@esextante.com.br